为母则刚

——走出一条不同寻常的孕产之路

◎周芳　申雪翔　郭燕娥　著

中国财富出版社有限公司

图书在版编目（CIP）数据

为母则刚：走出一条不同寻常的孕产之路 / 周芳，申雪翔，郭燕娥著. — 北京：中国财富出版社有限公司，2024.5

ISBN 978-7-5047-7966-3

Ⅰ．①为… Ⅱ．①周… ②申… ③郭… Ⅲ．①生育－社会问题－研究－中国 Ⅳ．①C924.24

中国国家版本馆CIP数据核字(2023)第144660号

策划编辑	朱亚宁	责任编辑	贾紫轩 蔡 莹	版权编辑	李 洋
责任印制	梁 凡	责任校对	庞冰心	责任发行	杨恩磊

出版发行	中国财富出版社有限公司		
社　　址	北京市丰台区南四环西路188号5区20楼	邮政编码	100070
电　　话	010-52227588转2098（发行部）	010-52227588转321（总编室）	
	010-52227566（24小时读者服务）	010-52227588转305（质检部）	
网　　址	http://www.cfpress.com.cn	排　版	梁浩飞
经　　销	新华书店	印　刷	宝蕾元仁浩（天津）印刷有限公司
书　　号	ISBN 978-7-5047-7966-3/C·0242		
开　　本	710mm × 1000mm　1/16	版　次	2024年5月第1版
印　　张	13.75	印　次	2024年5月第1次印刷
字　　数	246千字	定　价	79.00元

版权所有·侵权必究·印装差错·负责调换

为母则刚

——走出一条不同寻常的孕产之路

编委会

副主编：南阳市卧龙区妇幼保健院　杜萍
　　　　宝鸡市妇幼保健院围产保健门诊　李彩虹
　　　　桂林市妇幼保健院孕期保健科　李晓芳
　　　　信阳光山县人民医院孕妇学校　赵晶

编　委：好孕来医疗科技　陶胜光
　　　　中原工学院新闻与传播学院　杨关道
　　　　尊雅尚国际医疗美容　刘彩琴

推荐序一

女本柔弱，为母则刚

2021—2022 年的疫情原因，线下的各种学术会议或缩减，或者由线下改成线上举办，我和周芳的见面机会少了很多。最近一次见面还是在 2021 年 11 月份在福州召开的中国妇幼保健发展大会上，会议很成功，周芳在会议中为协会做了大量的工作。会议期间周芳跟我说："宋老师，我想带着孕校的老师们出一本书，回头您给我们指导一下，鼓励一下！"我高兴地答应了。

我和周芳的相识始于 2017 年，当时她作为河南省鹤壁市妇幼保健院孕妇学校的老师在北京参加培训学习，学习如何运行新型孕妇学校，我恰巧在协会负责全国的孕校建设和相关指导工作。我在培训中发现周芳对于学习的执着，当时她已将近 45 岁，她的孜孜不倦、积极参与、踊跃互动，一下就吸引了我，从此，我们就多次在各种会议期间交流探讨孕校推广的心得。河南省孕校的整体发展是做得不错的，周芳老师的孕校运营在河南也走到了前列，同时她个人作为一名讲师，积极参加各种比赛和培训，获得了很多荣誉，她的孕校受到了很多同行和朋友的认可，我也于 2019 年到她的孕校现场观摩。

翻看书稿，里面有方方面面的知识和技能讲解，包含了孕妈的自我提升，满满的正能量，如"不做被孕产'绑架'的中国女性""女人如何活成自己想成为的"等。

我们从哪里来？我们来自人间最无私、最伟大、最崇高的妈妈。妈妈对儿女的爱，是不求回报的默默奉献，是浑然忘我的付出。她倾注自己的全部，守护孩子的安康和幸福。点燃自己，照亮孩子前进奋斗的路程。妈妈的爱，是儿女生命中的河，源远流长；妈妈的爱，是儿女世界中的伞，遮风挡雨；妈妈的爱，是儿女航行中的船，乘风破浪、驶向远方。妈妈的爱就像太阳，无论走到哪里，时间多长，都会感受到她的温暖。

《为母则刚》这本书，是几个有情怀的一线妇幼保健工作者为身为母亲群体的健康快乐奉献的科普读本和心理人文感悟。

"十四五"规划提出，全面推进健康中国建设，把保障人民健康放在优先发展的战略位置，强调"为人民提供全方位全周期健康服务"。国务院印发《关于实施健康中国行动的意见》，强调：在策略上，从注重"治已病"向注重"治未病"转变。根据不同人群的特点有针对性地做好健康促进和教育，努力使个人能够了解必备的核心健康知识与信息、能够掌握获取有关知识与信息的渠道与方式，让健康知识、行为和技能成为全民普遍具备的素质和能力，形成自主自律的健康生活方式，推动把"每个人是自己健康第一责任人"的理念落到实处，努力使群众不得病、少得病，提高生活质量。

在新时期做好妇幼保健工作，提升孕产妇健康水平，是每个妇幼保健工作者刻不容缓、责无旁贷的职责和任务。本书作者周芳、申雪翔、郭燕娥是长期活跃在妇幼保健行业的一线工作者，也都是各孕妇学校的校长，他们不仅有丰富的实践工作经验，还有系统、科学、规范的专业知识基础。他们把多年来积累的经验，撰写、汇编成书，这本书是为孕产妇健康呈献的一份厚礼，也是不断提升自己、努力进取的一份答卷。

孕产期保健，包括孕前、孕期（孕早期、孕中期、孕晚期）、产时、产褥期等不同阶段，涉及医疗、护理、营养、心理、运动等生育全过程的健康知识和技能。

课程分为必修课和选修课，必修课包括产前检查与妊娠风险识别、孕期常见不适及处理方法、孕产期营养指导与体重管理、孕产期心理保健、舒适分娩、母乳喂养及常见问题处理、科学"坐月子"、新生儿护理与疾病预防等内容；选修课包括孕期健康生活方式、出生缺陷防治、妊娠期与产褥期的运动、妊娠期与产褥期乳房保健、妊娠与口腔保健等。

近年来，全国各地孕妇学校通过线上线下培训、研讨、会议等形式，开展了大量的师资培训和健康教育活动，在孕产妇保健中起到非常重要的作用。通过这个平台使孕产妇及其家人学习到孕产期保健知识和技能，尤其在疫情防控期间能够及时咨询并得到相应的服务，解决了孕产妇遇到的问题。本书作者们和全国孕妇学校的同仁一起创造了孕妇学校工作的辉煌，成为孕产妇的贴心人，受到群众的广泛赞誉。

即将成为或已经成为妈妈的人，既要看到自己的勇敢和坚持，也要意识到自己的懦弱和慵懒，孩子生下来的几年，是家庭关系的一个考验期。希望每一位中国女性在孕产期这段可能孤独难熬的时光里，找到同伴，不辜负自己，用科学的运动和健康的生活习惯来改善自己的身体和头脑，享受孕育生命的美好时光。

希望处于孕产阶段的中国女性，不要被一些错误观念所影响，也不要因为生完孩子而自我打折，更不要成为怨念丛生的妈妈！

孕产期间遇到问题，要么遵循医嘱，要么想想自己能做些什么去解决问题。

女本柔弱，为母则刚，用知识武装自己。

《为母则刚》是她们的第一本著作，可能存在很多不足，但毕竟是她们工作实践的总结、感悟和体会，对工作在一线的孕妇学校同仁会有一定帮助，愿大家共勉。

宋岚芹

推荐序二

伟大的母爱之路

认识周芳老师，是 2016 年 4 月，在河南省荥阳市妇幼保健院的音乐镇痛分娩培训班里。当时，一双专注而又清亮的眼睛吸引了我，课堂中最为积极分享、互动，课后积极交流的，依然是她———一位从内到外透露着美丽、优雅、温和而有爱的周芳老师！这是我对她的第一印象。

在短短几天的培训课程中，我给大家分享了如何在孕校的健康教育中介入一些母子联结、亲子胎教、孕妈妈的情绪管理及产前训练课程，以助于更加丰富孕妈妈们的孕期体验，可以促进孕妈妈们更好的怀孕和分娩。在这个环节中，周芳老师的分享非常激动，犹如某一个开关的按钮被打开一般，用激情四射的状态分享着自己在孕校短短两个月的成绩。当时，我才发现，原来她是鹤壁市妇幼保健院孕妇学校的校长，正从事着孕妇的健康教育工作。那天，她给我留下了深刻的烙印——她是一位如此拥有激情和爱的人！她一定是一位愿意在孕妇健康教育中愿意奉献自己的人！也正因为那一刻，我们俩结下了不解之缘。

紧接着，周芳老师又系统地参加了我的胎教师资培训课程。回到医院不到两周，就收获到周芳老师关于孕妈妈们胎教课程的各种课程剪影的照片和小视频，我看到了那些孕妈妈们的脸上写满了幸福的微笑！看着孕妈妈们颇有爱意地抚摸着肚子里的小宝贝们，还有准爸爸们紧紧地搂着孕妈妈们的身体，给予他们那种深情的眼神，我瞬间感动得热泪盈眶！我感受到了胎教的理念真正被传播的光芒，那一刻，我感受到了周芳老师是一位执行力超级强大的人，她说干就干，毫不犹豫！

当一把火炬点亮另外一把火炬时，那种光芒是散发着超强的热量的！我和周芳老师甚深的友谊也从此因为孕妈妈的健康教育而紧密的联结着，因为那里有着"我中有你，你中有我"的一种深深的默契，还有一种深远的志同道合感！我们从事着相同的职业，服务着同一类特殊的人群——人类伟大的母亲们！

人类的繁衍，离不开母亲。自古以来，母爱都是源远流长且被歌颂的，因为她不仅是孕育了生命，还有一种深深的付出和犹如大地一般包容的力量！

一个健康的胎儿，在母亲的体内，需要孕育280天，作为母亲，是接纳的、是包容的，是一种有着无穷力量的！这是一种天然的本性。但是，事实上，随着人类科技的进步和文明的发达，人们有时离自然的力量越来越远，很多女性怀孕以后，不再像之前的母亲那样泰然自若，由于生活节奏的加快以及各种其他社会因素所致，很多妈妈怀孕以后受雌激素的影响，在孕期容易出现紧张、焦虑、敏感、易怒等情绪不稳定的特征。有社会心理学的相关数据显示，现代的孕妈妈在怀孕过程中，更需要精神方面及社会资源的支持，因此，孕妇学校成了孕妈妈们天然的精神庇护所，自然也成了孕妈妈们精神食粮和育儿理念的加油站。

作为在孕妇学校里要引领着万千妈妈们陆续健康怀孕、平安分娩、科学育儿的孕校健康教育工作者，我在周芳老师这里看到了星星之火可以燎原的力量！

印象中，周芳老师的女儿临近高考时，她还在跟随我们一起去江苏的省级学术会议上分享自己在孕校进行健康教育的各种心得、方法和成果。那一刻，我看到了她甘于付出，愿意舍小家为大家的那份坚持和伟大！

有一次，我去河南讲课，在车上偶遇了周芳老师的先生。他是一名成功的企业家，当时，他谈到了周芳老师经常在医院里忘我的工作时，脸上洋溢的是一幅自豪的幸福感。我看到了她的先生发自内心地支持她的这份事业！我感受到了深深的安定感！因为，当一个女性全力以赴地去投入自己的事业中，去为万千母亲们倾情奉献时，她的背后一定会有一个强大的支持者和精神后盾！那一刻，我看到了周芳老师在孕妇健康教育的事业上，一定会越走越远！这是一种发自内心的欣慰和同理到的幸福感！

当周芳老师告诉我要出一本《为母则刚》的书时，我的内心特别为她感到高兴！因为，她自己在工作和生活中也俨然这幅"为母则刚"的写照，因为，她在自己的生活、家庭、育儿、工作中有了非常圆满的表率，一种榜样的力量引领着更多的妈妈们去实践、去踏过一条从未走过的伟大的母爱之路，恰恰是最好的老师！

我相信榜样的力量！更加相信星星之火可以燎原。真心希望周芳老师的这本《为母则刚》，能够为大家传播孕期健康教育的新理念、新思考。

虽然这本书是周芳老师的处女作，我相信这是一种起航的力量，它会引领着周芳老师，以及更多的孕期健康教育工作者，能够在母亲教育的事业上走得越来越远、越来越稳、越来越有力量！

我由衷地祝福天下更多的母亲们都能在怀孕之初，就能接受并享受到这么美好的教育，能够幸福地孕育、快乐地分娩！让我们的子孙后代繁荣昌盛！让我们的社会能够祥和太平！

聂巧乐

推荐序三

成为母亲前，先成为自己

在过去的 12 年里，我的事业就是陪伴怀孕的女性，帮助她们在心理和情感上做好成为母亲的准备。从最早的"70 后"妈妈群体到"80 后""90 后""95 后"的妈妈群体。如今，"00 后"的"新手妈妈"们也陆续加入。

与成千上万位母亲在一起工作过，我最常听到的话是"我感觉自己还是孩子呢，怎么能做个好妈妈呢"。尽管这句话中带着担忧；但也暗含着智慧的自我发问：

——我的内心还没做好准备就怀孕了，到底发生了什么？

——既然怀孕，又如何能在这 280 天里，慢慢适应"母亲"的角色？

……

是的，怀孕，不仅是生理事件，更是一次重要的心理事件，会激活我们在潜意识层面的思考。子宫里的小生命也会神奇地让我们与自己的"内在小孩"进行深刻的联结和对话，这表现在我们会不自觉地去回忆一些重要的事情：我和母亲之间的关系，我对母亲的感觉，我小时候的重要经历，母亲曾反复讲到生我时的故事……这一切都会让我们重新理解"母亲"对于自己的意义，并进一步影响我们在成为母亲过程中的感受和行为——这就是"心理孕育"。

所有回忆和思考的过程，对每一位即将成为"母亲"的女性而言，都是一个重要且重大的心理仪式。在过往时光的片段中，我们有机会看到自己的快乐也看到自己的悲伤，看到自己的恐惧也看到自己的期待，看到自己的脆弱也看到自己的强大……过程中有冲突也有融合。当我们能够充满力量、充满控制感、充满选择和弹性地去面对、解决、接受和放下时，我们便成了真实且内心独立的自己，可以自由、自在、自如地去建构内心期待的"母亲"角色。

然后，在一段可接受、可选择、可控制的节奏和领域中，察觉自我、发展自我。当生理上的妊娠和心理上的孕育步调高度统一的时候，每一位女性都有机会拥有和享受一次特别的心灵奇旅——我选择成为我想成为的"母亲"，并因此感到安全、喜悦。

尽管这个旅途前行不易，但你绝对不孤单。

有一群女性会陪伴着你——她们在成为母亲的道路上曾经历过孤独、怀疑、失落和绝望；也因此体味过跨越黑暗之后的喜悦、满足、慈悲和关怀。她们在你的身边、手边、耳边用各种各样的方式支持你、帮助你、倾听你。

她们，正是撰写这本书的优秀女性，她们是我的学生也算是我的同行，她们都有一个美好的身份就是——临床一线的妇幼医护工作者。因为她们的专业身份，在长年与孕产人群接触的过程中，迎接了无数新生命的到来，也洞察了每位女性成为母亲的不易。她们时刻心系母婴，不仅专业技术过硬，还拥有情怀和信念，身体力行地为女性生育阶段的身心健康做科普、做传播……这一切都倾注在这本诚意满满的书中，令我感动和钦佩！

除医疗系统的专业支持之外，在社会上，也有一群有着各种各样身份和技能的为母婴服务的工作者，她们活跃在不同的城市、不同的家庭和不同的岗位上，她们每天都在努力为孕产女性提供身体、心理和情感上的专业支持，见证女性成为母亲的过程。

她们，是我。她们，也是你。

祝福每一位行走在"母亲之旅"的女性，都能在关爱中踏实地成为母亲。

祝愿每一位即将降生的智慧宝贝，都能感受到这份美好与期待。

谢菲

推荐序四

心中有爱　　眼里有光　　脚下有路

"心中有爱，眼里有光，脚下有路。"这是周芳老师给我的感觉，也是我想说给自己、无数母亲和即将成为母亲的女性的一句话。

作为两个孩子的妈妈，我的养娃之路，可谓是痛过之后的大彻大悟。

大宝出生前，我是一个不懂任何医学知识，也未曾上过一节孕妇课的新手孕妇，在刷网络的各种担忧中，果断地选择了剖宫产，以为不疼，实则难忘。26岁的我接收了太多来自父母和公婆要帮我带孩子的信息，在生下孩子的那一刻，我竟然如即将出院重获自由一般开心；当肚子上的伤口愈合可以自由行走，我在医院的走廊里走来走去，胸前湿了一大片，竟然不知道是初乳已到，要开始母乳喂养；之后月子的经历，真的是痛彻心扉，由于怀孕前未曾进行口腔检查，导致生完孩子后牙疼倒在床上打滚；孩子黄疸照蓝光的四天，乳房胀到如石头一般坚硬，疼痛，都未曾想到要挤奶缓解，憋了四天，生生把奶憋回去了；夜里孩子哭闹，不知道如何是好，只剩默默流泪。那时候的我是个茫然地面对一切，不知道该如何下手的新手妈妈。

我才发现，谁都帮不了自己，谁都替代不了自己作为一名母亲的角色。

我抑郁了！还好有家人的关心与帮助，我才能硬着头皮疯狂成长！

如此的我，哪里还敢再去生养一个孩子！

直到十年后，老大一直想要个弟弟，当妈的终是心软，那就再要一个吧。但总不会忘记上次生娃的疼痛，吸取第一次生娃的教训，提前做好各项安排，医院、医生、月嫂，甚至于出月子后的育儿嫂，我都已经全部在孕期内完成准备，我还提前把爸妈从老家接过来，担心自己如果再次出现产后抑郁，总会有一些依靠。孕期九个月时，不断地给自己做各种心理建设。二宝出生，虽然我经历了前置胎盘大出血，经历了奶水少只能混合喂养，甚至月子期间因为血红素低经常低烧，但是我惊喜地发现，面对这一切，我没那么烦，二宝也没有那么闹。虽然做好了她闹的准备，跟月嫂一起睡，但她是那么的乖，如天使一般，我们竟然可以睡一整夜，所以没几天我就自己带她睡了。半岁以后，我白天该上班上班，阿姨和奶奶带着她，也没有我曾经以为的那么担心，连入园也没有分离焦虑。

我还是那个我，虽然依然不完美，但为什么发生了这么大的改变？

归结起来，无外乎是我提前准备好了要自己面对这个宝宝的出生、成长，我知道该如何做好妈妈，同时做好自己。

直到后来，我为郑州市育婴协会工作，我在《健康大河南》做母婴版的主编，认识了很多妇产科医生，认识了周芳老师。我才发现，原来曾经的我踩了那么多的坑，让自己在刚成为母亲的那段时间里，经历了原本不应该经历的那么多的痛。我经常跟周芳老师说，有时候特别后悔没有顺产，也特别后悔没有提前储备知识，让孩子多吃一段时间的母乳，现在想补偿，都来不及了。

在我生完二宝，回归媒体，回归协会的四年，我很开心能跟这么多优秀的妇产科医护人员一起工作，一起帮助更多的女性快乐孕育。我开始很自然地去理解，成为母亲是自然赋予女性的神圣使命。我会拉出两句话来对比，一句是"我结婚后才不会生孩子呢"，一句是"谁要是敢动我的孩子，我就跟谁拼命"。同一个人，怎么就因为"母亲"这个角色，发生了这么大的变化呢？

或许，这就是"为母则刚"吧！

感谢周芳老师，她对孕校倾注的是执着的爱，她守护着每一名上过她课的妈妈，教会她们先好好爱自己，再好好爱孩子，教会她们怎么做，可以轻松地度过分娩、月子和母乳喂养，完成从一个女孩到一名母亲的完美蜕变。在课堂上，她全身散发出的那种爱的力量，足以让听过课的孕妇，温暖而强大。

我推荐大家都读一下这本《为母则刚》，为自己成为母亲，做好准备；如果有机会，尽可能在孕期去听一下如周芳老师一样专业的孕妇课，充分利用好孕前、孕中的时间，学会做母亲，学会爱自己、爱孩子、爱家人。

我们所期待的爱和美好，其实一直都在，只要我们心中有爱，眼里有光，脚下就一定有路！

感谢周芳老师邀请我写下这些分享的文字，希望我的经历可以给每一位与之有缘分的妈妈一些小小的参考。

郑州市育婴协会　孙艳

推荐序五

为母亲画像

当你翻开书本,看到母亲这两个字的时候,你会想到什么呢?
当你思绪翻涌,想到母亲这两个字的时候,你又会想到什么呢?
你会想到,一双温暖的大手,轻抚你的肩头。
你会想到,一个期盼的身影,留恋你的眼眸。

母亲是什么?
母亲就是在困难面前,敢于迈进一步的人;
母亲就是自己承受苦难,还要用双臂抱紧你的人。
母亲是什么?
母亲是即便已经满身疮痍却对你爱得深沉的最亲的人。

我们说,当儿女需要的时候,
永远第一个出现的,这叫母亲。
我们又说,当家庭需要的时候,
永远主动优先承担的,这叫母亲。
我们还说,当社会需要的时候,
永远肩负起更多使命的,这也叫母亲。

我们呼唤母亲，
是呼唤那些给我们带来幸福的家人。
我们呼唤母亲，
是呼唤那些为我们承担苦难的亲人。

今天我们来给母亲下个定义，
给伟大的母亲们画个像。
她们是朴素又美丽的，
她们是温柔又伟岸的，
她们是躬身者，躬身奉献者。
匍匐着、奉献着、坚韧着，
她们躬身于亲情、躬身于家庭、躬身于责任，
她们是挺膺者，挺膺负责者，
挺立着、学习着、开拓着，
她们挺膺于哺育、挺膺于成长、挺膺于担当。

女子本弱，为母则刚。

母亲啊母亲，
是生命的能量，
是生活的信仰，
是生长的方向。

中原工学院新闻传播学院 杨关道

序 言

生育是社会的延续

健康生育是百年大计。习近平总书记在全国卫生与健康大会上强调：没有全民健康，就没有全面小康。要把人民健康放在优先发展的战略地位，以普及健康生活、优化健康服务、完善健康保障、建设健康环境、发展健康产业为重点，加快推进健康中国建设，努力全方位、全周期保障人民健康，为实现"两个一百年"奋斗目标、实现中华民族伟大复兴的中国梦打下坚实健康基础。

生育本质上既是一种经济理性，也是一种文化责任。十九届五中全会提出"优化生育政策，增强生育政策的包容性"。优化生育环境，就是要全方位构建生育——孩子——家庭——两性——老人五友好型中国社会。提倡适度生育，理论上要倡导适龄、适时、适量的生育，生育决策要理性和自主，缩短生育间隔，每个家庭可以根据自身的条件自由决策生育，打造二孩"合适之家"的文化和生态。

目前，我国人口治理的基本思路是，以小众之作为济大众之不为，以小众之二三孩高生育补大众之零至一孩低生育，以小众之生育觉悟破大众之生育迷茫，以国家之生育担当唤醒国民之生育责任。

生育是生命的延长

对于一名女性而言，生育是生命厚度的延展，更是自身生命的延长。

"为母则刚"从来都不是对妈妈的道德绑架，而是一场关于自我成长的蝶变。在没有成为妈妈之前，你可能永远都是"小女孩"，而在成为妈妈之后，你会发现，与一个幼小的生命共同成长和进步是一件多么值得品味的事情。

"为母则刚"从来都不是对妈妈的硬性要求,却是深夜扛着两岁孩子还面临"放下我就哭"威胁的老母亲的最后一根稻草,是作为母亲最需要的"鸡血式"自我鼓励!

当过妈妈的人都知道,从选择孕育生命开始,你就踏上了一条修行的路。怀孕的艰辛、生产的痛苦、养育时遇到的各种"坎",每个妈妈都得经历,而且别人还替代不了你,你得自己承受。但是,当你一次又一次完成挑战时,蓦然回首,"为母则刚"似乎已在不知不觉中融入了你的血液!

当你孕吐、阵痛、开奶、涨奶、堵奶疼痛到眼泪直流的时候,你脑海里想的是什么?你为什么会这么勇敢?哪个妈妈不是一边念叨着后悔生孩子,一边看见自家宝贝的笑容又情不自禁地微笑,这就是天生的母性!面对孩子哭喊"只要妈妈",其他人干瞪眼帮不上忙的时候,我想你再累也会让孩子挂在自己身上。等到孩子渐渐长大,你本以为可以做回以前的自己,像个少女一样单纯、无忧无虑,没承想自以为"心宽体胖"的佛系心态变成了时而河东狮吼、时而"甄嬛"附体、时而甜心妈咪。

"为母则刚",英雄向来刚强,每一位母亲都是伟大的英雄。

当然,英雄也不是天生的,是要经历数不清的历练才能逐渐成为英雄。现在,让我们一起打开这本书,看看母亲是如何成为英雄并且始终做一名英雄的!

借此书,向我们所有的"英雄"致敬。

目 录 | Contents

第一章 爱是前进，不是退缩 ··· 001

第一节 孕期健康教育 ··· 002
第二节 分娩——有你真好 ··· 005
第三节 依恋——亲子交往中不可避开的话题 ··············· 009
第四节 爱的拥抱——袋鼠式护理 ································ 011
第五节 37℃的母爱 ·· 014
第六节 胎教的起源 ··· 016
第七节 为何要进行胎教 ··· 019
第八节 互动式亲子胎教的方法 ·································· 024
第九节 新时代辣妈 ··· 032
第十节 不是一个人的战斗 ·· 037

第二章 爱是加法，不是减法 ··· 043

第一节 爱在出征前 ··· 044
第二节 成为全职妈妈 ·· 049
第三节 既恐惧又憧憬 ·· 055

第四节　收敛梦想的羽翼··057

第五节　母亲的坚强··063

第六节　心有所爱··068

第七节　秩序感和规则感的培养··072

第八节　先天母性的延续··078

第九节　母爱的规划··083

第十节　生而无畏··087

第三章　爱是蜕变，不是忍受··091

第一节　压力的释放··092

第二节　真正的健康··098

第三节　岁月成就出自律··104

第四节　母爱的留白··110

第五节　看见是真爱的前提··116

第六节　任劳任怨并非天性··120

第七节　孕吐体验··123

第八节　母爱不打折··129

第九节　母爱的温度··134

第十节　母亲的"凶与狠"··136

第四章　爱是柔软，不是碰撞 ······ 143

第一节　令人发指的爱 ······ 144
第二节　出生顺序 ······ 151
第三节　父母的想象力 ······ 156
第四节　封建思想毁掉的幸福 ······ 162
第五节　夺不走的血缘与爱 ······ 164
第六节　婆媳关系的洗礼 ······ 171
第七节　疗愈内在创伤 ······ 177
第八节　被忽略的母爱 ······ 182
第九节　母亲的智慧 ······ 185
第十节　生为女人，我不抱歉 ······ 190

第一章

爱是前进，不是退缩

第一节　孕期健康教育

周芳老师说：

女性在知道自己将要成为妈妈的那一刻起，就要做好充足的准备，准备好一颗从现在开始主动学习的心，只有实现六大孕产梦想，才有可能成为辣妈。第一要始终快乐，第二要保持微笑，第三要身心健康，第四要科学育儿，第五要高效产康，第六要产后重塑。因此，新时代辣妈想要成为更好的妈妈和更优秀的自己，必须要不断学习，做好孕期的健康教育。

孕期健康教育是指通过有计划、有组织、有系统的各项活动，指导孕妇及其家属树立健康意识，养成良好的行为习惯和生活方式，降低或消除影响孕产期健康的危险因素。

孕期健康教育的专业性、社会性很强，是母婴保健工作中的重要内容。

妊娠是女性需要经历的一个特殊的生理阶段，十个月的妊娠期需要做好的工作有很多，因此，国家提倡医院或者社区给孕妇提供孕期健康教育。什么是孕期健康教育呢？下面为大家简单介绍一下孕期健康教育包含的主要内容。

一是心理教育。女性在进入孕期以后，心理会发生明显的变化，甚至还有不少孕妇会出现失眠、多梦的现象，甚至是抑郁的情绪，如果不关注孕妇的心理健康，时间长了，很有可能就会发展成为抑郁症。作为孕期健康教育的一个重要方面，心理教育就是对孕妇的心理进行正确的疏导和引导，帮助孕妇更好地调整孕期及产后的情绪。

二是孕期安全教育。孕妇的身体是比较特殊的，所以，在孕期教育中，专家会教孕妇如何更好地保护胎儿，避免胎儿受到伤害。另外，如何预防和治疗妊娠高血压、妊娠糖尿病等妊娠疾病也是孕期安全教育的一个重要方面。

三是产后健康教育。在宣讲孕期健康教育的时候，专家会用相当多的时间来讲产后的健康问题，包括如何做好月子、如何呵护新生宝宝、如何做好产后恢复等。

健康教育的意义

对孕产妇进行个体化的"一对一"健康知识宣传和产前指导，既加强了护士的责任感，又使孕产妇在生理和心理上获得良好的照顾，使她们焦虑和恐惧的情绪得到缓解。运用触摸技巧和心理暗示疗法，指导训练产妇使用适合的呼吸方式，如腹式深呼吸、屏气等，唤醒产妇潜能，使之顺利完成分娩，减少分娩期并发症。在产后对产妇进行饮食营养、卫生、母乳喂养、新生儿护理、产后性生活、计划生育、婴儿日常护理及计划免疫指导等教育，能促使产妇将理论和实际相结合，充分发挥产妇的自我护理能力。产后复检，能及时帮助产妇解决住院时间短、产后疲劳、认知能力下降等问题，提高围产期的保健质量。

健康教育的时间规划及其内容

1. 孕期的健康教育

开设孕妇课堂，利用集体座谈和按期在产前病房进行各种知识的宣传和示范，让孕妇了解妊娠期的生理和心理变动，指导孕妇孕期营养与保健，告知孕妇剖宫产的适应症、术后的罕见症状及护理方案，引导孕妇选择正确的分娩方式。

2. 产前的健康教育

指导孕妇做好母胎的自我监护，根据孕妇已掌握的知识，正确指导胎动自测的注意点和关键点，正确数胎动。同时，做好孕妇产前的心理护理，对孕妇进行持续性的心理抚慰和感情支持，可以有效减轻和消除孕妇的恐惧心理，稳定孕妇和家属的情绪，增加孕妇平安感和自信心，使其在分娩时积极配合，减少分娩时的各种干扰，愉快地度过分娩期，确保母婴身心健康。

3. 产时的健康指导

为减少孕妇对分娩的焦虑和恐惧心理，孕妇进入分娩室时可由责任护士陪伴，开展"一对一"教育，指导孕妇如何减轻宫缩带来的痛苦，给予抚慰和抚摸，使孕妇消除紧张情绪。同时，及时告知产程进展情况，开设导乐分娩，让家属陪伴，给予孕妇精神上的支持，使之顺利度过分娩过程。

4. 产后的健康教育

由于经历了艰苦的分娩过程，产妇身心处于极度疲惫的状态，护士应对产妇的身心进行评估，制订相应的健康教育计划。在产后 24 小时（剖宫产后 48 小时），产妇的精神、体力逐渐恢复后，指导和讲解产后康健知识，如合理的饮食营养、母乳喂养、新生儿的健康护理等。

5. 出院时的健康指导

指导产妇合理搭配饮食、注意休息，提供增进产后机体恢复的方法，给予关于性生活和计划生育指导，指导孕妇了解母乳喂养的情况和婴儿疫苗接种的时间、地点，并告知产后复查的时间，及其重要性。

健康教育的施行大大提高了孕产妇的认知水平，而认知水平的提高是促进围产期保健质量提升的先决条件。通过健康教育，产妇的心理健康水平和生理健康水平均得到了有效提高，抑制了产前、产后并发症的发生，减少了产褥期感染；通过健康教育，产妇对母乳喂养的益处有了深刻的认识，坚信自己能够胜利喂养，使初生婴儿的母乳喂养率达到 90% 以上；通过健康教育，产妇掌握了正确的母乳喂养知识及技巧，喂奶姿势正确，减少了乳头皲裂及乳汁淤积情况的发生，乳腺炎的发生率明显降低；通过健康教育，产妇及家属学会了新生儿健康护理的方法及注意事项，促进了新生儿的健康生长。

第二节 分娩——有你真好

周芳老师说：

一位优秀的女性、一位优秀的妈妈，背后一定也有一位不断学习、辛勤付出的丈夫。有一位优秀且好学的丈夫，对于生育和培养一个优秀的宝宝来说，已经成功了一半。

爸爸们应该从孕期开始就参与到育儿的过程中，与孕妇一起学习，共同进步，见证胎儿的发育，陪伴妈妈的孕产，守护宝宝的诞生，呵护宝宝的成长。

孕育，有你真好！分娩，有你真好！成长，有你真好！

《中国妈妈蓝皮书》一书中说到，有87%的爸爸认为自己已经为孩子的成长创造了良好的家庭氛围，但是有76%的爸爸会因为没有足够的时间陪伴孩子而感到内疚；有92%的妈妈认为自己已经为孩子的成长创造了良好的家庭氛围，只有32%的妈妈会因为没有足够的时间陪伴孩子而感到内疚。

近年来，不少调研结果都显示父母教育缺失的幼儿较其他孩子会更多地表现出多疑、自卑、敏感、孤僻等性格画像，某一些地方的青少年犯罪率甚至达40%以上。

从胎儿时期开始，父亲就在孩子的生命中扮演着重要的角色，这个角色不可或缺，是母亲无法替代的。从确认妻子怀孕开始，丈夫就务必要参与到妻子孕育的整个过程中去，从孩子的形成发育到妻子分娩，再到孩子出生后的养护和教育，都不能缺少父亲的身影。

母婴 VS 父婴

● 交往内容：母亲更多的是照顾婴儿；父亲更多的是与婴儿共同做游戏。

● 交往方式：母亲更多会采取言语交谈和身体接触的方式；父亲更多会选择身体运动的方式，如把婴儿高高举起、来回晃荡等。

● 游戏性质：母亲与婴儿的游戏大多是视觉的；父亲与婴儿的游戏大多是触觉的，并且，父亲与婴儿的游戏总是与刺激、提高婴儿的兴奋性密切相连。

父亲参与早期养育

（1）父亲参与早期养育的心理学依据：哈洛的恒河猴实验（母爱剥夺实验）——替代养育。

1959年，美国心理学家哈洛及其同事做了一项研究：让新生的婴猴从出生第一天起就同母亲分离，在之后的165天中同两个母亲在一起——铁丝妈妈和布料妈妈，铁丝妈妈的胸前会挂着奶瓶，布料妈妈则没有。哈洛发现，虽然当婴猴同铁丝妈妈在一起时能喝到奶，但它们常常宁愿不喝奶，也愿同布料妈妈待在一起。由此哈洛得出结论，身体接触对婴猴的影响甚至超过哺乳的作用——只有有饮食需要时，婴猴才会去找铁丝妈妈，其余大部分时间则依偎在布料妈妈的身旁。

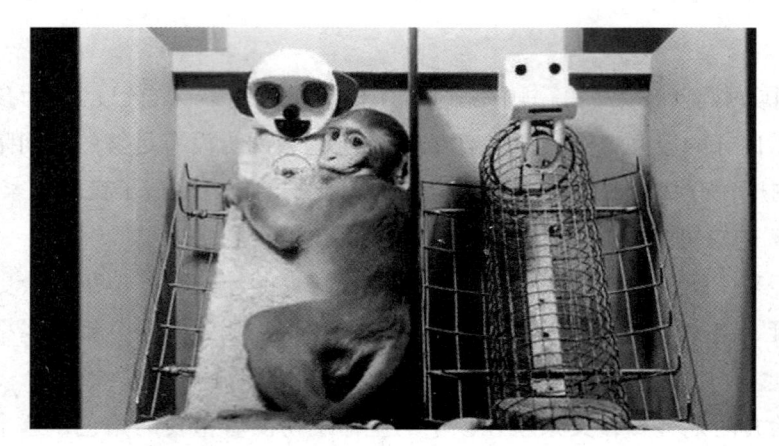

同时，哈洛也观察到了一个现象：那些由"绒布母猴"抚养大的猴子在成年后性格极其孤僻，不能和其他猴子一起玩耍，甚至性成熟后不能进行交配。于

是，哈洛对实验进行了改进，为婴猴制作了一个可以摇摆的"绒布母猴"，并保证婴猴每天都会有一个半小时的时间和真正的猴子在一起玩耍。改进后，研究结果显示，实验养大的猴子和正常养大的猴子在各方面基本上一样。

哈洛等人的实验研究结果，用他的话说就是"证明了爱存在三个变量：触摸、运动、玩耍。如果你能提供这三个变量，那就能满足一个灵长类动物的需要"。虽然这个实验的对象是猴子，但是许多心理学家都认为，这个结果对人类婴儿同样适用。

（2）父亲参与早期养育的可能性：乳房假设（弗洛伊德）、敏感性假设（谢弗等），大量研究证实，父亲能对婴儿的信号做出更加积极、关切、有效的反应。

（3）父亲参与早期养育的必要性：父婴交往在婴儿心理发展中不是可有可无，而是具有母婴交往所不可替代的作用。

父亲在孩子发育和成长过程中的作用：
- 增强情绪控制力
- 鼓励宝宝勇敢
- 增强宝宝自信

如何让父亲发挥他们对宝宝的积极影响力？
- 给父亲更多的时间单独与孩子在一起
- 让父亲自己摸索养育婴儿
- 让父亲成为"真正"的父亲

怎样让父亲积极投身育儿？
- 要把分工做好，必须有父亲的一席之地
- 孩子一周至少有一次单独和父亲睡
- 一起工作，一起休息

父亲上孕妇课可学到什么？

- 孕期知识：了解孕妇怀孕期间需要的营养，以及怎么处理准妈妈的情绪变化；了解怎么数胎动，以及胎动的相关知识。
- 产前准备：了解孕妇开口期、娩出期的相关知识；了解生产前的注意事项。
- 产后母子护理：了解新妈妈坐月子期间的注意事项有哪些，以及怎么照顾新宝宝、怎么给宝宝喂奶，特别是在新妈妈生产完的前几天。

生宝宝不是孕妇一个人的事情，作为准爸爸，在妻子怀孕期间一定要做好后勤保障工作以及当好孕妇的精神支柱，准爸爸的支持对孕妇来说非常重要。准爸爸们上孕妇课，不仅能够学习到非常实用的知识，还易于和孕妇们达成共识和预期，避免在怀孕期间出现认知差异与冲突。

现在的社会发展越来越人性化，有些医院为了缓解孕妇生产时的紧张情绪，会允许准爸爸一同进产房，夫妻二人一起迎接新生命的到来。那么，准爸爸需要在陪产的时候做些什么呢？这个还真得提前了解下，做到心中有数，以便在关键时刻能更好地帮助到孕妈。

第三节　依恋——亲子交往中不可避开的话题

周芳老师说：

宝宝和照顾者（一般为母亲）之间存在一种特殊的感情关系，通常我们称之为"亲子依恋"。安全依恋型、回避依恋型、矛盾依恋型，这三种不同的亲子依恋类型，你都了解吗？

亲子依恋的类型：

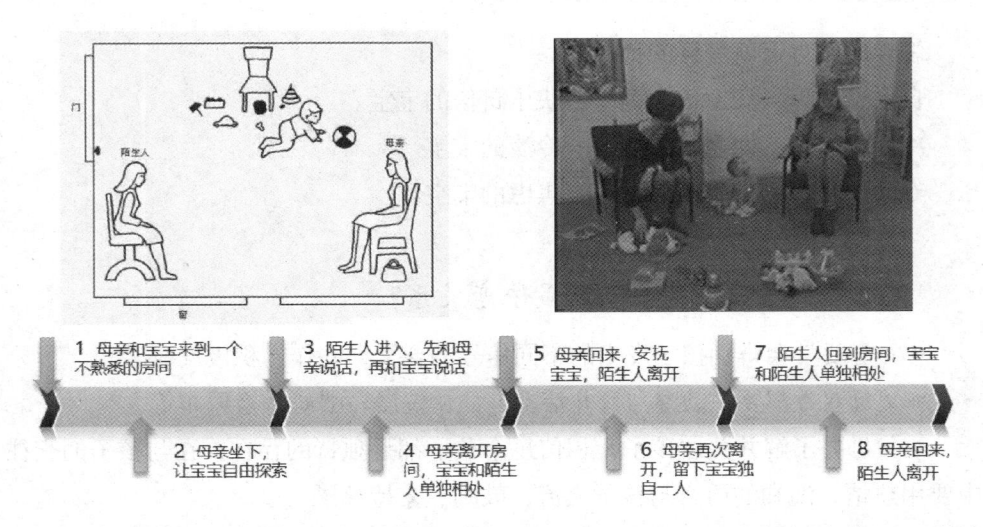

1 母亲和宝宝来到一个不熟悉的房间
2 母亲坐下，让宝宝自由探索
3 陌生人进入，先和母亲说话，再和宝宝说话
4 母亲离开房间，宝宝和陌生人单独相处
5 母亲回来，安抚宝宝，陌生人离开
6 母亲再次离开，留下宝宝独自一人
7 陌生人回到房间，宝宝和陌生人单独相处
8 母亲回来，陌生人离开

● 安全依恋型：快乐自信的宝宝。在陌生的环境中，只要妈妈在场，宝宝就很自在，妈妈离开时，宝宝虽然也会表现出一定的烦躁，但等妈妈一回来，宝宝

就会立刻到妈妈身边,寻求接触。
- 回避依恋型:冷淡的宝宝。在陌生的环境中,宝宝并不亲近妈妈,即使妈妈离开,宝宝也不难过。当妈妈回来时,宝宝对妈妈十分冷淡,甚至会有些回避。
- 矛盾依恋型:焦虑的宝宝。在陌生的环境中,宝宝会紧紧贴着妈妈,几乎不探索新环境。妈妈离开前,宝宝就显得有些焦虑,妈妈离开后,宝宝会表现得非常难受。一旦妈妈回来,宝宝会一边亲近妈妈一边对妈妈又踢又打,显得很生气。

依恋发展的四个阶段:

0~3岁是形成良好依恋关系的关键时期,良好的依恋关系不但能满足宝宝的心理需求,对宝宝将来的人格发展也至关重要。
- 无差别的社会反应阶段(出生~3个月)
- 有差别的社会反应阶段(3~6个月)
- 特殊的情感联结阶段(6个月~2岁)
- 目标调整的伙伴关系阶段(2岁以后)

宝宝为什么会有不同的依恋风格?

怎样的父母造就怎样的孩子。
自主型父母:安全依恋型——快乐自信的宝宝。
冷淡型父母:回避依恋型——冷淡的宝宝
专注型父母:矛盾依恋型——焦虑的宝宝

父母如何与孩子建立高质量依恋关系?

- 父母要学会辨别孩子发出的不同信号的含义,并作出积极反应。
- 父母双方都要主动参与育儿活动,如:洗澡,喂奶,换尿布等。
- 父母要了解并关注孩子,相信每个孩子都是独特的存在,在与孩子的交往中要用热情、温和的语言与孩子交流,鼓励、支持孩子。
- 父母要给孩子树立良好的榜样,父母关系(夫妻关系)会影响亲子关系,父母要创造健康稳定的家庭环境,营造一个良好的家庭氛围。

第四节　爱的拥抱——袋鼠式护理

周芳老师说：

拥抱是动物的本能，拥抱具有治愈心灵的力量，拥抱会带给人成长的勇气。亲子拥抱具有神奇的魔力，请您多多拥抱你的宝宝，让宝宝感受到你的心跳，感受到你的肌肤，感受到你亲昵的爱。

如何拥抱是一门学问，需要爸爸和妈妈去积极学习。

"曾循环最久的歌单，是妈妈您的心跳。"
我喜欢您抱着我贴紧您，
这样我才能再听到这首我最最熟悉的歌。
我知道有一天我会记不起这首歌的节奏，
但你的味道、温度、呢喃会刻在我的心头。
小时候，离开您的时候我会想念，
长大了，离开家的时候我会想念。
爱，是您留给我一生的线索，
深深扎根在我生命的源头。
无论我走多远，走到哪，我知道回家的路就在那，
但此刻，我只愿您紧紧拥抱我，
只为听一首我最爱的歌，然后用力记着。
您知道吗？您的拥抱，于我而言是多么重要，

> 拥抱，让我的体温、血液、呼吸、心跳更稳定；
> 拥抱，让我有机会及时吃到更多乳汁；
> 拥抱，让我更有安全感、更少哭闹、睡眠更好；
> 拥抱，让我的大脑变得更聪明；
> 拥抱，并不是您宠坏我的方式；
> 而是让我成为充满爱的孩子！

拥抱≠单纯的抱。拥抱是触觉、压力觉、温度觉、视觉、听觉乃至语言交流的集合。

给婴儿的拥抱，不仅仅是指与婴儿肌肤接触，让婴儿感受到母体的温暖和柔软，同时还包括父母注视婴儿时的眼神和表情、温柔的话语、轻轻摇晃产生的韵律感以及父母的呼吸、气味和微笑等。婴儿往往是通过这些细节来感受父母的爱的。

• 在关键时刻	• 以最有效的方式
晨起 睡前 紧张、害怕 被表扬 做错事	双臂有力 目光对视 声音平和 专心致志 建立习惯，形成仪式

2018年，世界卫生组织制定的《促进母乳喂养成功的十项措施》中明确建议：新生儿出生后，应该帮助和鼓励父母与婴儿进行早期不间断的肌肤接触。在新生儿出生5分钟内，要开始肌肤接触并且不间断地持续至少60分钟。

对刚出生的婴儿来说，与父母的肌肤接触是十分重要的，首先这是给婴儿的保暖措施，可以有效预防新生儿低体温，因为婴儿在刚离开母体时还不适应外界的环境，通过和父母肌肤接触，父母的心跳节律和体温都会直接传给婴儿，让宝宝放松下来，并可刺激宝宝的感觉神经，让神经中枢系统趋于成熟。同时，产后的母婴皮肤接触也会刺激妈妈的迷走神经，让催产素分泌增多，催产素可以让妈妈的乳汁早点分泌出来，让宝宝更早吃上母乳。

对早产儿来说，上述所说的与父母肌肤接触的好处也同样存在。除此之外，在我们现在流行的对早产宝宝的"袋鼠式护理"的原理和操作方法中也同样很重视肌肤接触。

袋鼠式护理是世界卫生组织在20世纪80年代就开始推广的针对早产宝宝或者低出生体重宝宝的一种护理方法。

袋鼠式护理，顾名思义，跟袋鼠非常相像，妈妈把胸腹部暴露出来，宝宝只包一块尿布，接着把宝宝放在妈妈胸前，位于两个乳房的中间，再用一个毯子把宝宝跟妈妈完全地包裹在一起。因为宝宝的头还是露在外面，可以给宝宝戴个帽子来保暖，同时，妈妈注意要把宝宝的头放在一侧，护住宝宝的脖子，这样才是安全的袋鼠式护理姿势。

一般，出生体重在4斤或1800克以上且胎龄在34周以上的宝宝，从出生开始就可以对其进行袋鼠式护理。对于一些出生胎龄更小的宝宝（32周以前），则需要在宝宝出生一周以后，宝宝各方面的情况稳定了，才可以开始进行袋鼠式护理。

用这个护理方法，早产宝宝不需要躺在看上去不近人情的暖床上面了，通过跟妈妈的肌肤接触，宝宝可以获得所需的热量，提升自身的安全感。同时，在肌肤接触的过程中，宝宝会更加贴近妈妈的乳头，刺激妈妈泌乳，不仅能促进母乳喂养，更能增进母子感情。

如果你在袋鼠式护理的过程中看见宝宝有生食、吸吮妈妈皮肤等表现，不用担心，可以尝试调整一下体位，方便宝宝能吸吮到妈妈的乳头，这样问题就轻松解决啦，总之，要让宝宝多跟妈妈有肌肤接触。

袋鼠式护理的时间，建议一次可以达到60分钟或者更久，如果妈妈有精力的话，护理时间越长越好。

第五节　37℃的母爱

周芳老师说：

母乳是白色的血液。

母乳喂养可以预防很多疾病，增强婴儿免疫力。母乳像血液一样是活性物质，母乳中含有多种免疫细胞，因此母乳也被称为"白色的血液"。

母乳喂养能使宝宝更健康，让宝宝拥有更好的外形和心态，因此，对于孩子来说，母乳是爱的长流，是孩子一生幸福的源泉。

母乳是宝宝最好的食物。相信很多妈妈都有过这样一段经历，每天坚定不移地喂奶、挤奶、喂奶、挤奶……即使再辛苦也不愿放弃母乳喂养。那么，母乳喂养到底有哪些好处呢？

母乳喂养，宝宝易消化

首先，请确定用母乳喂养。确定母乳喂养从我还是个小女孩起我就从未动摇过，因为我自己就是母乳喂养长大的，吃了14个月的母乳。我的妈妈一直说吃母乳的孩子抵抗力好，不容易生病。现在用科学的理论解释就是母乳易消化。初生婴儿的肠胃消化功能很弱，吃母乳的话就鲜少有消化不良的症状，宝宝舒舒服服、不吵不闹。

母乳喂养，身材恢复快

母乳喂养使产妇身材恢复快。母乳喂养，能量消耗大，妈妈每天的饭量几乎是以前的 2 倍，总是饿，总是要吃，当然吃的食物大都转化成营养丰富的母乳，妈妈是不会变胖的。以我为例：孕前 90 斤，临产 120 斤，产后第 3 天开始母乳喂养，孩子出生 7 天出院时 99 斤，满月时 96 斤，断奶后恢复到 92 斤。

但我听到很多与我同龄并受过良好教育的年轻父母说，生完孩子就打 2 针回奶针，可以一劳永逸。这样省得以后辛苦，给孩子喂奶可以全部交给月嫂，再说宝宝吃奶粉也很壮，妈妈出月子就可以减肥了，瘦得快还可以天天出去玩呢！每次听到这样的言论，我都会可怜那个一口母乳没吃过的宝宝。

事实上，我身边坚持母乳喂养的妈妈们，大多在出月子时就恢复了身材。哺乳期乳房极其敏感，确实无法做任何运动，运动后的母乳也不能喂给宝宝，除了把乳汁排空后可以游一会儿泳。但其实妈妈不用运动也会自然消瘦，每天要喂奶，全天都需要自己上阵带孩子，体力消耗非常大。跟那些天天在瑜伽房运动出汗的妈妈们相比，母乳喂养的妈妈们是不用担心身材恢复这件事情的。

母乳喂养，是我珍贵的回忆

心理上的满足感，是没有母乳喂养的妈妈们永远体会不到的，母乳喂养是我最珍贵的回忆。每次宝宝哭闹，只要吃上了母乳，哇哇哭喊的小嘴渐渐半开半合地聚到一起，闭着眼睛拼命地吮吸，没一会儿就安静地睡着了，小胖手一只围在背后，一只轻轻地搭在妈妈胸口。每每此时，我所有的劳累烦恼顷刻间烟消云散，因为我是这个小生命唯一可以依靠的人，这是属于我和宝宝的世界，任何人不可取代！

从知道怀孕的那刻起，学习母乳喂养知识就成了妈妈们必不可缺的课程。这是一个很庞大的知识体系，里面有相当多的内容需要妈妈们去逐一了解，如母乳喂养姿势、母乳喂养时间、母乳喂养的好处、母乳喂养一天要吃多少顿、母乳喂养注意事项等。

第六节　胎教的起源

周芳老师说：

中国是最早进行胎教的国家，唐成书的《洞玄子》中就提到孕妇要做到"勿视恶色，勿听恶语，省淫欲，勿咒诅，勿骂詈，勿惊恐，勿劳倦，勿妄语，勿忧愁，勿食生冷醋滑热食，勿乘车马，勿登高，勿临深，勿下坂，勿急行，勿服饵，勿针灸，皆须端心正念，常听经书，遂令男女如是聪明智慧，忠真贞良，所谓胎教者也"。这是现代胎教的萌芽，体现了中国人自古以来就有进行胎教的传统。而我们作为新时代的辣妈，更是要在做好胎教的同时，成为更好的自己，不辜负时代的进步和个人的成长。

胎教为我国首创，是世界教育史和医学史上有重要科学价值的发现。早在2000多年前的医书《黄帝内经》中，就有关于"胎病"的论述。到了汉代，初步形成了胎教学说，这比希腊学者著名哲学家亚里士多德提出的胎教观点更早。

"胎教"一词最早被提出是在唐成书的《洞玄子》中。书中要求孕妇要做到"勿视恶色，勿听恶语，省淫欲，勿咒诅，勿骂詈，勿惊恐，勿劳倦，勿妄语，勿忧愁，勿食生冷醋滑热食，勿乘车马，勿登高，勿临深，勿下坂，勿急行，勿服饵，勿针灸，皆须端心正念，常听经书，遂令男女如是聪明智慧，忠真贞良，所谓胎教者也。"简单点说就是孕妇的视、听、言、思、动对胎儿都有影响，孕妇在言行各方面都要加以自我约束，只有这样才能孕育出大明大智、忠义贤良的儿女。

古人认为，胎儿在母体中能够被孕妇的情绪、言行同化，所以孕妇必须谨守礼仪，给胎儿以良好的影响，名为胎教。《大戴礼记·保傅》记载："古者胎教，王后腹之七月，而就宴室。"又说"周后妃（即邑姜）任（孕）成王于身，立而不跛（踮脚尖），坐而不差（身子歪斜），独处而不倨（傲慢），虽怒而不詈（骂），胎教之谓也。"《列女传》中记载的太任怀周文王时讲究胎教的事例，一直被人们奉为胎教典范，并在此基础上提出了孕期有关行为、摄养、起居等各方面的注意事项，如除烦恼、禁房劳、戒生冷、慎寒温、服药饵、宜静养等节养方法，以达到保证孕妇身体健康，预防胎儿发育不良，以及防止堕胎、小产、难产等情况。

刘向在《列女传》中对周文王之母太任胎教的描述为："及其有娠，目不视恶色，耳不听淫声，口不出敖言"，所以太任能生出周文王这样圣明的君主。另外《列女传》还提到"古者妇人妊子，寝不侧，坐不边，立不跸（单脚站立），不食邪味，割不正不食，席不正不坐，目不视于邪色，耳不听于淫声，夜则令瞽颂诗，道正事"，意思是说，周文王的母亲怀孕时，站有站的样子，站时不将重心倚在一边，坐有坐的样子，坐时也不歪斜，笑时不放声喧哗，独居一处时也不懈怠放任，发怒时也不骂人，等等。用礼教的规范来约束自己的一举一动，保持对胎儿的良好影响，所以生的孩子行为端正，智慧过人。

北齐名医徐之才曾指出"妊娠五月始受火，精似成其气。卧必寡起，淋浴浣衣，深其居处，浓其衣裳，朝吸天光，以避寒殃。""妊娠六月始受金，精似成其筋。身欲微劳，无得静处，出游于野，数观走犬及视走马。""妊娠七月始受木，精似成其骨。劳身摇肢，无使定止，动作屈伸似运而气。居处必燥，饮食避寒，常食稻粳似密腠理，是谓养骨而坚齿。"这说明孕妇生活起居要有规律，可适当参加劳动，不可过劳或过逸，睡眠要充足，避免情绪刺激，谨防寒气侵袭，居处要干燥安静。

清代亟斋居士在《达生篇》中归纳了孕妇饮食三宜三不宜"宜淡泊不宜肥浓，宜轻清不宜重浊，宜甘平不宜辛热。"这指出孕妇的饮食宜富有营养且易消化，以维持母体及胎儿之需要，但饮食不可过饥过饱，不可多食膏粱厚味及辛辣之品，以免助湿生热于胎儿不利。

此外，红山文化出土的至今5000多年前的"玉猪龙"，在历史学家的解读下，有一个重要的诠释，那就是古时人们祈祷胎儿平安健康的玉制护身符。

以前，人们认为胎儿在出生前一直安静地躺在母亲子宫里睡大觉，直到分娩时才醒来，事实上这是错误的。现代医学研究认为，胎儿有奇异的潜在能力，为开发这一能力，施行胎儿教育越来越引起人们的关注。胎儿从第5周开始有较复杂的生理反射机能，10周时已出现感觉、触觉功能，在17周左右，开始对声音有反应，30周时出现听觉、味觉、嗅觉和视觉功能，能听到妈妈的心跳和外界的声音。美国著名的医学专家托马斯的研究结果表明，胎儿在6个月时，大脑细胞的数目已接近成人，各种感觉器官趋于完善，对母体内外的刺激能做出一定的反应，这也给胎教的实施提供了有力的科学依据。妈妈的一举一动都能影响胎儿，此时是对胎儿进行教育的关键时刻。

第七节　为何要进行胎教

周芳老师说：

宝宝的质量始于精卵，宝宝在生命开始合成的时候就已经步入不同的成长轨迹了，而这轨迹很大程度上取决于爸爸和妈妈在孕期的付出。在现代科学技术的背景下，新时代的胎教也不仅仅是指孕妇的视、听、言、思、动对胎儿的影响，事实上，胎教已经成为一门需要进行系统学习的学问，拥有了智慧的大脑才会有智慧的人生，各位宝爸宝妈们一定要多多学习哦。

如果您能知道我的质量始于精卵，相信您孕前就会精心准备；
如果您能理解我的生命始于爱河，相信您展示做出世界上最艺术的爱；
如果在生命合成的前三个月您能关注我的存在，相信您会更加快乐！
如果在我的大脑渴望被滋润时，您能给我营养和启迪，
相信我的脑细胞会像您期望的目标一样；
如果您知道我从开始就渴望您的声音，
相信您不会吝啬您的言语和歌喉，哪怕您五音不全；
我最挚爱的爸爸妈妈，我顽皮地踢向您的第一脚，
将是我对您辛苦养育的第一个回报；
如果您知道拥有了智慧的大脑才会有智慧的人生，
相信您一定会辛勤付出努力，给我一个辉煌的人生！

——胎儿独白

为何要进行胎教呢？

本节通过介绍"互动体验式亲子胎教"给大家详细阐述。

互动体验式亲子胎教的定义：

在尊重胎儿生理心理发展的基础上，以孕妈妈为主体对象，让准爸爸一起参与，通过科学的方法与互动体验，与胎儿进行互动交流。

互动式亲子胎教的基础：

```
         胎儿
       健康快乐
      良好的亲子关系
     快乐的母体情绪
    和谐、幸福的夫妻关系
   和谐、幸福的家庭氛围
```

互动式亲子胎教的作用：

对于母体来讲，拥有一个良好的孕期体验过程。

对于胎儿来讲，拥有一个良好的宫内环境，让胎儿在子宫内获得积极美好的情绪体验。

对于家庭来讲，在孕期就能实现父母亲的角色转换以及身心成长，同时在这个过程中为胎儿构建良好的家庭氛围和行为模式，培养良好的亲子关系。

宝宝脑神经发育图：

| 未胎教 | 胎教后 |

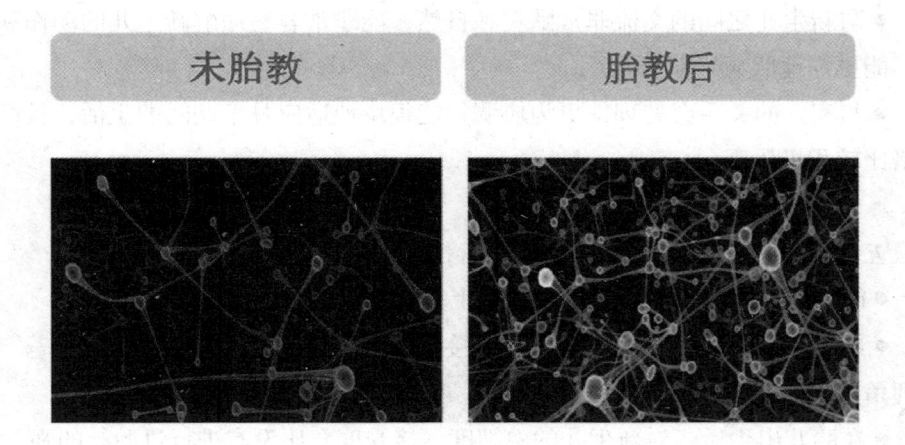

互动式亲子胎教的目标：

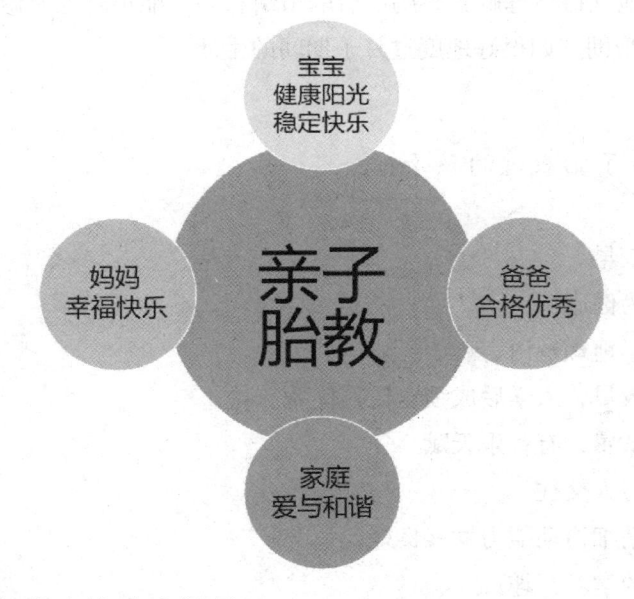

亲子胎教
- 宝宝 健康阳光 稳定快乐
- 爸爸 合格优秀
- 家庭 爱与和谐
- 妈妈 幸福快乐

互动式亲子胎教过的妈妈：
- 孕期情绪较稳定，孕期心态比较积极乐观。
- 对胎儿的接受度非常高，能很用心地去关爱胎儿、感知胎儿，并能很好地与胎儿保持交流。
- 在胎儿出生后，对新生儿的熟悉度、接受度会比没有进行过胎教的强。
- 能很快地进入到产后新妈妈的角色中。

● 与新生儿之间的交流非常默契和自然，能非常容易理解新生儿的动作和表情，能更好地照顾好新生儿。

● 与家人的关系会处理得更为协调，能很快地适应月子期间的生活，且产后情绪比较积极乐观。

互动式亲子胎教过的爸爸：
● 能很好地理解孕妇，并能从精神上更好地支持孕妇快乐度过孕期。
● 在妻子孕期就能很好地从心理上接受胎儿，并能进入自己作为"爸爸"的心理角色，且能很好地与胎儿保持交流。
● 在胎儿出生后，对新生儿的熟悉度、接受度会比没有进行过胎教的强。
● 能很快地进入到产后新爸爸的角色中，且能很好地熟悉如何照顾新生儿。
● 能很好地支持与理解新妈妈产后的情绪状态，能很好地协调产后家人的互动关系，且能帮助产妇很好地度过月子期间的生活。

互动式亲子胎教过的孩子：
● 不爱哭。
● 学发音较早。
● 心理行为健康。
● 能够较早地理解语言。
● 学说话较早，入学后成绩也比较优秀。
● 对音乐敏感，有音乐天赋。
● 能较早与人交往。
● 双手的精细运动能力发展良好。
● 有浓厚的学习兴趣。
● 运动能力发展很好。

互动式亲子胎教过的家庭：
● 家庭成员之间更懂得互相尊重，家庭关系更加和谐。
● 父母更加理解孩子。

- 父母更懂得如何与孩子互动。
- 父母能够及时满足孩子。
- 父母的育儿观念更加一致。
- 育儿分工上更和谐。
- 处理与应对孩子的问题时会更加从容。
- 孩子更懂爱。
- 孩子的自我评价更高、自信心更强。
- 孩子成长得更加愉悦，生长素会分泌得更好。

胎教是在身体连结的基础上，从孕期就开始建立的孕妈妈、准爸爸与胎儿之间的心灵连结，各位孕妈、准爸爸一定要重视起来，给胎儿创造良好而健康的孕育环境，让胎儿在子宫内就能获得积极美好的情绪体验，在出生后能情绪稳定、性格乐观、智商情商都很优秀。

第八节　互动式亲子胎教的方法

周芳老师说：

在了解宝宝的质量始于精卵后，如何进行科学有效的胎教是需要爸爸妈妈不断学习的，互动式亲子胎教常用的方法有：亲子联结、亲子聆听、亲子抚摸、亲子冥想、亲子歌唱、亲子运动、亲子手工、亲子绘画、亲子吟诵以及产前训练等。

互动式亲子胎教是爸爸妈妈与胎儿愉悦相处的开端，也是宝宝幸福一生的起点。

亲子胎教法之一——"亲子联结"

准妈妈与胎儿达到"母子一体感"，为胎儿创造良好的宫内环境。母子共同聆听，母子共同体验，母子情感交流，母子情感互动。

亲子联结在胎教中的作用：

- 能让孕妇放松身心，给自己营造安静、专注的环境。
- 能为孕妇营造平和的心境，为胎儿的成长营造良好的宫内环境。
- 能相对降低子宫内嘈杂的声音，增强胎儿对外界信息的感知力。
- 能促进孕妇与胎儿进行亲密的情感互动，增强亲子关系。
- 能促进孕妇与胎儿之间心灵层面的联结，能更好地给胎儿传递外界的信息。

"亲子联结"在分娩中的好处：

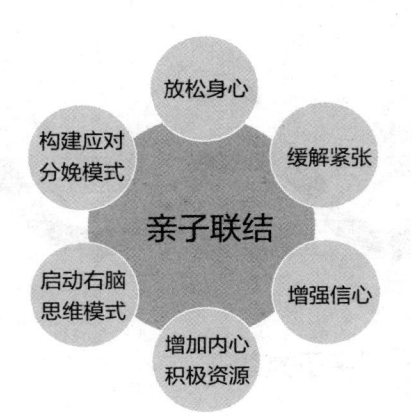

亲子联结：放松身心、缓解紧张、增强信心、增加内心积极资源、启动右脑思维模式、构建应对分娩模式

亲子胎教法之二——"亲子抚摸"

父母带着爱与情感，随着音乐轻柔地抚摸。

亲子抚摸的方法：

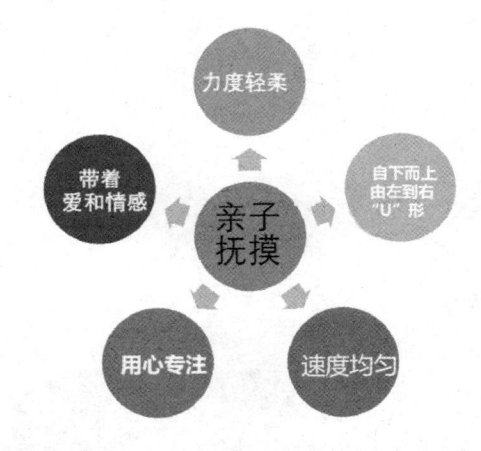

亲子抚摸：力度轻柔、自下而上由左到右"U"形、速度均匀、用心专注、带着爱和情感

亲子抚摸在分娩中的好处：

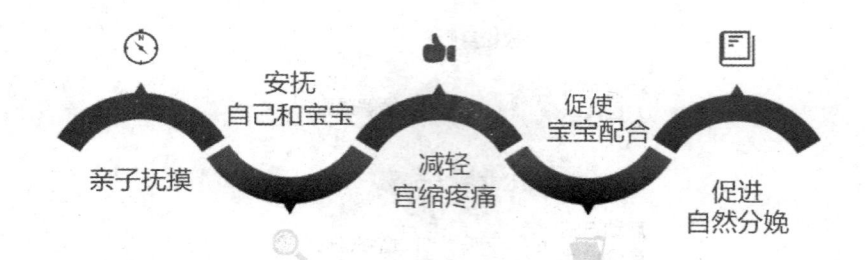

```
亲子抚摸  →  安抚自己和宝宝  →  减轻宫缩疼痛  →  促使宝宝配合  →  促进自然分娩
```

亲子胎教法之三——"亲子冥想"

母子随着音乐进行深层次的心灵交流与互动。

亲子冥想的要点：
- 交流
- 放松
- 建立联结
- 母子一体感
- 冥想
- 分享
- 记录、强化
- 经常温习、感受

亲子冥想的好处：

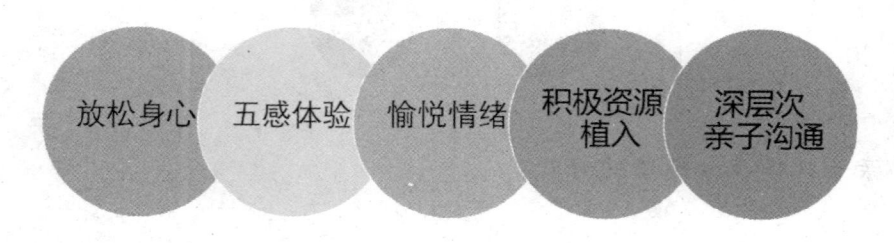

放松身心 | 五感体验 | 愉悦情绪 | 积极资源植入 | 深层次亲子沟通

亲子冥想在分娩中的作用：

亲子胎教法之四——"亲子歌唱"

（图：亲子冥想相关要点——平稳心率及呼吸、放松身心、减少氧气消耗、减少二氧化碳制造、提高机体供氧量、减少血清乳酸量、减轻疲劳、保存体力、降低疼痛、促进宫缩、增强内心积极资源、树立自然分娩信心）

"产前免疫"与"产后安抚宝宝情绪与哄睡技术"。

亲子歌唱的好处：
- 对胎儿：孕妇胸腔腹腔的震动通过羊水使子宫内产生共振，对胎儿有很好的情感抚慰作用。
- 对孕妇：通过唱歌可以愉悦情绪，另外孕妇能分泌更多的免疫球蛋白 A，可以增强孕期身体体质。

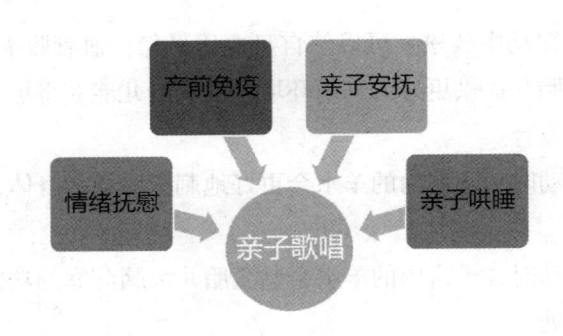

（图：亲子歌唱——产前免疫、亲子安抚、情绪抚慰、亲子哄睡）

亲子胎教法之五——"亲子律动"

一种介乎于舞蹈和运动之间的一种胎教艺术。

亲子律动的形式：

（图示：亲子律动包括热身式律动、摇摆式律动、音乐游走律动、旋律空间律动、身体做主式律动、冥想式律动、想象性律动、针对性律动、亲子舞蹈、亲子抚触）

亲子律动的好处：

●对孕妇

（1）加快身体的血液循环，提高体内的血液供给量，提高血氧浓度。放松身心，愉悦情绪。

（2）缓解孕期的身体不适，减轻手脚肿胀。

（3）增强身体抵抗力，能很好地控制孕期体重。

●对胎儿

（1）孕妇在律动中放松，可以使自身血压平稳，血管收缩自然，心率稳定，血流量良好，为胎儿提供更好的宫内环境。同时胎儿能获得更多的血氧浓度，有利于大脑皮层的发育。

（2）孕妇律动时，子宫内的羊水会更好地刺激胎儿的身体，胎儿会获得更好的情绪抚慰。

（3）孕妇律动时，子宫内的羊水会刺激胎儿大脑前庭的功能，对胎儿出生后前庭的发育有好处。

亲子胎教法之六——"亲子运动"

专门为孕妇打造的一系列运动。

常见的亲子运动有：
- 舞蹈（有氧舞蹈、生育舞蹈）
- 瑜伽（孕期瑜伽、夫妻瑜伽、彩超调理、胎位纠正、舞韵瑜伽、亲子瑜伽、产后修复瑜伽）
- 分娩球操
- 有氧韵律操、养生保健操、弹力带操、小工具操
- 产前特训（曼舞、骨盆运动）
- 个体化运动指导

亲子胎教法之七——"亲子手工"

孕妇在孕期进行的一些手工制作。

亲子手工的好处：

孕期手工艺术胎教有助于调节孕妇的情绪，减轻孕妇的烦恼和忧虑，为他们创造清新的氛围及和谐的心境。通过孕妇的神经递质作用，使胎儿的大脑得到良好的发育。孕期手工艺术胎都最突出的特点是孕妇修养会不断提高，孕期生活品位提高，在由女人向母亲角色的转变过程中内心品质提升，从而达到"母仪胎儿"的目的。

亲子胎教法之八——"亲子绘画"

绘画胎教——让母爱穿越时空的界限。

在特定的音乐陪伴下，准妈妈通过冥想、联结等方式促进胎儿大脑细胞数量的增加，使胎儿的大脑网络更为丰富，从而达到对胎儿进行早期智能和情商启发的最终效果。

第一章 爱是前进，不是退缩

亲子胎教法之九——"亲子吟诵"

一种介乎于歌唱与说白之间的胎教艺术。

国学吟诵
提升孕期修养
熏陶孕期情绪

促进家庭和谐
促进亲子关系

故事吟诵
丰富人生哲理
传承美好智慧

促进胎儿大脑发育
启发胎儿语言能力

第九节　新时代辣妈

周芳老师说：

成为新时代辣妈并不是说成长于这个女性更加自由的时代就是新时代的辣妈，真正的新时代辣妈应是女性对自己的追求永不止步，她们有清晰的规划、明确的目标、持续进步、雷厉风行的处事风格。

她们首先是真实的自我，而后才是新时代的辣妈！

如今，新时代辣妈早已是一个全新的群体。她们年轻时髦、明艳动人，在养娃之余，事业也做得有声有色；健身、美容一项不落。妈妈的身份于她们而言，不再是束缚，而是更值得她们享受的人生新阶段。

新时代辣妈，是新时代的母亲形象，指的是能够照顾孩子、照顾丈夫、照顾家庭，更能兼顾自己生活的已婚女性群体。通常，这类母亲能够从容不迫，淡定应对各方面的压力，并且注重个人的精神追求。

新时代辣妈，颠覆传统印象中为了抚养子女付出全部心血，甚至以牺牲自己的青春、生活为代价的母亲形象。不同于"黄脸婆""家庭妇女"等母亲形象，新时代辣妈不仅具备勤劳、奉献、节俭等传统母亲的种种优点，而且更加时尚、阳光。这类母亲，爱孩子的同时也爱自己，做母亲的同时更是先做自己。她们通常注重保养，在保证宝宝健康成长的前提下，拥有姣好的身材。她们深谙育儿之道，运用现代化的网络平台，搜集育儿心经，乐于与他人分享经验。她们具有先锋理念，有着丰富多彩的精神生活。

新时代辣妈事业家庭两手抓，能里能外能带娃，多线运作，十项全能，拼尽全力在职场辣妈的赛道上奔跑。

那么，辣妈一天的时间是怎么安排的？

早晨被美味早餐唤醒。每天7点准时醒来，梳洗换衣服，并画上精致的妆容，开启元气满满的一天。在管理好形象的同时，也要保证家人的健康，每天早上抓紧时间为家人们准备丰盛又美味的早餐，豆浆、锅贴、小笼包……每天不重样。

美味早餐之后，是一身油烟味，但作为一名时间管理大师的辣妈，不喜欢浪费时间再次换装。踏入公司，辣妈迅速转换为职场女性，在8个小时的工作时间里深挖自己，向上与领导沟通，向下培训团队，中间还要抽空做项目方案，大脑没有一刻停止运转。但辣妈总会在午休的间隙，尽可能多地了解孩子的一点一滴，知道孩子早上做了什么，过得开不开心……叮嘱孩子多喝水，补充水分。

每天的晚餐时间都是家人团聚的幸福时刻，辣妈会大展身手准备一桌丰盛的菜肴，例如一锅暖暖的鸡汤、一道鲜美的蒸鱼、一碟香味诱人的青椒洋葱炒牛肉、一道色彩丰富的五彩玉米……家人们都对辣妈的厨艺赞不绝口，每天都离不开她做的菜。

家人团聚的时间太珍贵，怎么能被厨房里的锅瓢碗筷占用了？玩闹了一天的小宝贝，要及时洗个热水澡，洗去一身的汗味，让他睡个好觉。辛勤工作的辣妈和丈夫，也要好好洗个澡，除去一天的疲惫。

每位辣妈都是表面有多平静，背后就有多拼命。10分钟搞定洗澡化妆，一边刷牙一边改PPT，给娃擦屁股的同时还能淡定电话连线谈工作……在养娃和职场上不断"自鸡"，拼尽全力将生活中的鸡飞狗跳过得云淡风轻。

有人说，从女孩到母亲，女人必然会放弃一些东西，比如烂漫的少女心，比如性感的身材、时髦的打扮，以及充满期待的诗和远方。然而身边的辣妈左手带娃、右手精彩，她们能hold得住孩子，进得了职场，留得住青春，炫得了自在。

妈妈群体早已不是"80后"的天下，"90后"辣妈已经占到36%，且66%的妈妈对自己的定位不再局限于××的妈妈，××的妻子，而是把目光聚焦在自己身上。

辣妈消费观。不同于上一代"自己苦一点没关系，一定要给孩子用最好的"富养型育儿，新时代辣妈在消费上更理性、更全面，特别是她们会将大部分的钱投资在孩子的智力开发上。据调研结果显示，超过50%的妈妈更关注孩子的智力发育，毕竟，比起给孩子最好的物质享受，聪明智慧的大脑才是父母给孩子一生最好的礼物。爱自己才能更好地爱孩子，"一切为了孩子"已经是老一辈的观念了，新时代辣妈渐渐开始关注自己。据调查显示，35%的辣妈将消费重心放在家人身上，而17%的辣妈将消费重点放在自己身上。"想让孩子成为什么样的人，自己要先成为那样的人"已成为新时代辣妈的共识，要实力也要颜值，没有颜值怎么能让辣妈动心？据调查显示，65%的辣妈将投资重心放在了健身类产品，为自己的颜值买单，毫不手软。宝宝潮流时尚也不能错过，22%的辣妈会将钱投资在宝宝的个人形象上，她们被实力种草，为颜值买单，撑得起颜值经济半边天，不求最昂贵，但求最好看。

辣妈生活状态。当代人最怕找工作"996"，而宝妈早已习惯全年无休"007"，然而再忙也不能丢失自我，因为在当妈妈之前，你先是你自己。现代辣妈早已懂得逃离的重要性，带娃自驾游或者忙里偷闲和闺蜜聊聊少女心事也不失为一种放松的好方法。据调查显示，74%的辣妈每年必出游一次，19%的辣妈会和闺蜜聊聊八卦美容和职场。给自己一点逃离的时间，辣妈们瞬间就能从带娃的疲劳中满血复活，只要思想没被塞满，生活中总能找到一点自己的空间。

辣妈价值观。比起带娃的慌张忙乱，现代辣妈更懂得借助科技的力量，让带娃变得优雅从容。用智能音箱给宝宝讲个睡前故事，用智能冲奶器免去夜起冲奶的烦躁，电动摇篮解放辣妈的手臂……当辣妈们不再劳累时，她们才有更多的精力和宝宝沟通交流，心靠得更近。对宝宝的爱不会隔代，但辣妈更爱用新科技拥抱时代。

辣妈出行。放下娃出门，那是不可能的，一家人就要整整齐齐。对辣妈来说，出门必备物除了口红，自家宝宝也要随身携带。据调查显示，61%的辣妈开车都是为了遛娃。

生完孩子不是终点，只是换一种方式精彩。从前是不输细节的精致女王，有娃后仍是回头率超高的辣妈。

她叫罗丹，一个5岁宝宝的妈妈，在女儿眼中她是个奇怪的母亲，生活中的她就是一个矛盾体，被华丽衣服塞满的衣柜难掩她对新衣的渴望，饥饿填满的身体阻挡不住她拍美食的惯性动作，美颜相机中的精致面容掩盖不了她温婉恬静的真实气质。她有她的矛盾，也有她的坚强，女儿模仿她处世的模样，也会像她一样长大，继承她柔弱的外表，也学会她面对困难时的坚强，效仿她精致的打扮，保持富足的内心，也学习她无悔的付出与节俭持家。

生活，是最好的教养。有一颗漂亮的心，才能拥有漂亮的一生。罗丹的内心有少女的柔软也有母亲的刚强，这样的特质让她永远迷人漂亮。女儿默默传承她的生活方式，也会变成跟她一样的发光体。她是典型的新时期女性，爱美、自信、独立、勤俭、爱好广泛、有活力，忙于生活和工作，并且不放弃运动，坚持学习拳击与瑜伽，做起事来雷厉风行，但也会为女儿的一点小事而潸然泪下。

为了孩子，她变成了更好的自己。她很爱女儿，即使加班忙到深夜，也还是会早起为女儿做早餐。她陪女儿画画，也经常带她兜风。她的爱，滋养了女儿幼小的内心，一点点塑造了女儿优秀的人格。

这是最好的时代，也是"辣妈"的时代。升级成为母亲，并不代表放弃自我；升级成为母亲，并不代表不再精致；升级成为母亲，并不代表失去工作。年轻时髦、身材火辣、明艳动人，早已成为现代母亲的代名词。罗丹是新时期女性，也是完美的妈妈。

一代又一代，妈妈都逃不过儿女的围绕。她们的时光，皆因有了子女而倍感仓促。没有时间出门，她们没有时间赚钱，没有时间休息。最遗憾的，莫过于匆忙告别了人生梦想，一头扎进厨房和洗衣房，为儿女操持了半辈子。新时代的妈妈有了新的使命，要当辣妈。可是，怎么辣，如何辣，新时代辣妈的标准是什么呢？

眼睛要"透辣"。妈妈首先要拥有一对"辣眼"，用来照亮孩子的未来。因为在孩子的眼里，妈妈的眼睛都是最美的，美丽中透着温柔、体贴、威严和依赖。所谓"透辣"，指的是妈妈要善于观察、善于指点、善于引导，比如孩子穿什么衣服好看，孩子是冷是热、该加衣还是减衣，孩子心情是好是坏，是喜欢哪个老师喜欢哪门课，孩子对真善美的判断标准是不是偏颇，孩子是外向还是内向……这一切，都需要妈妈用一双火辣辣的眼睛看得清清楚楚明明白白，这样才能找出更好的方法去引导孩子，而不会误解孩子的思想。

耳朵要"麻辣"。妈妈是孩子成长过程中最忠实的听众，也是孩子最重要的意见给予者。孩子从幼时的无所不言到青春期的沉默不言，这个过程中妈妈要怎么倾听对孩子才最有益处呢？所谓"麻辣"就是有时候清醒，有时候糊涂。有选择性地去听，该忽略的就权作没听见，比如令孩子开心骄傲的事情，他们讲给妈妈听，妈妈只需要回报一个欣喜的微笑，无需点评。该重视的就重视，比如孩子无意间总提起哪位异性的名字，妈妈的耳朵就该竖起来了，孩子需要妈妈的理解和积极正确的引导，而不是不闻不问或坚决打压。

嘴巴要"甜辣"。从孩子咿呀学语开始，妈妈就是孩子模仿的对象，所以诚恳的赞美不要吝啬，这样你会拥有一个乐观热情的好孩子。所谓甜辣是善于给予鼓励也能妥当安排批评。当孩子迷茫无措的时候，妈妈讲出来的内容其实就代表着真理和道理，妈妈们一定要积极主动并温柔体贴地给出自己的见解，引导孩子热爱生活。当孩子因鲁莽无知而犯错的时候，妈妈们也一定要立场坚定地指出来，绝不能含糊其词，让孩子靠自己的认知去摸索、判断真善美，毕竟妈妈是孩子最直接最管用的第一任老师。

举止要"真辣"。孩子在完成一件事情后经常会下意识地观察家长的反应，妈妈们要做的是及时认真地给予回应。所谓"真辣"指的是言必行，行必果。当妈妈们决定一件事情，一定要按照既定计划做下去，半途而废和优柔寡断是做家长最忌讳的事情。想要培养孩子良好的行为习惯，妈妈们首先就要严于律己，然后就是要保持真性情，教孩子学会体验成长、品味人生。

精神要"火辣"。妈妈们希望孩子在健健康康、快快乐乐生活的同时，有一个强大的精神世界，能够为自己撑起一片广阔的未来，听得起表扬，受得了挫折。"火辣"，一个很重要的含义是：用火热的心去与五味杂陈的世界抗衡。遇到困难，妈妈们要做出无坚不摧的表率；遇到困惑，妈妈要成为一个全知全能的百科；遇到岔路口，妈妈要成为理智而坚强的领路人，带领孩子走一条康庄大道！

新时代对女性有足够的包容性，辣妈们可以无限发挥自己，做想做的事，成为想成为的人。无须一开始就给自己设定明确的目标，可以不断实践、不断试错，找到自己的兴趣点，把最想做的事情做成事业。无须做一个完美的妈妈，做一个足够好的妈妈就够了。无须时时刻刻都情绪平和，如果冲着孩子发了脾气，就给孩子道歉并解释原因，但不要求孩子原谅自己，因为原不原谅是孩子的选择。没有完美平衡事业与家庭的方式，平衡也意味着放弃，了解自己的底线，明确自己的需求，放弃不重要的细节，才能最大限度地做到兼顾。无须逼迫自己变成全能女超人，要给自己时间，找到适合自己的高效方式，养成好习惯，尽量少浪费时间，最重要的是，一定要寻求并接受家人的帮助。

第十节　不是一个人的战斗

周芳老师说：

在孕产育的过程中，我们一定要明白一个道理，那就是：抑郁情绪不等于抑郁症！

女性由于孕产期间身体激素发生变化，产生抑郁情绪是十分正常的现象，当抑郁情绪产生时，我们首先要明白，抑郁情绪绝不等于抑郁症。其次，不要陷入自我纠结的怪圈，先入为主认为自己得了产后抑郁，这样的话便会陷入抑郁情绪的恶性循环中，将自己一步一步推向深渊。

因此，当我们产生抑郁情绪时，首先要摆正心态，千万不要自怨自艾。在寻求帮助的同时以积极合理的方式寻求家人的帮助，寻求朋友的帮助，抑或是寻求专业人士的帮助，不要选择一个人战斗。

有一部分产后妈妈会出现不安和普遍存在的焦虑症状，但没有明显的危险行为来引起专业人员的注意。这些发现自己极度焦虑（但并没有那么沮丧）的妈妈正在从裂缝中溜走。她们感到孤立无援，好像有什么不对劲，她们挣扎着，却不知道为什么。

抑郁和焦虑的症状可以共存，而且经常同时存在。焦虑带来了绝望，这种感觉如此棘手，不过这也意味着，如果在这种情况下能抑制焦虑症状，抑郁自然也会得到缓解。

抑郁症容易引起人们的注意，但是有必要弄清楚具体症状，以便确定真正的病情。当我们能够准确识别症状时，获得最适当治疗的可能性就更大了。

关注产后妈妈的抑郁症，需要缩小范围，并以越来越多的细微方式为女性在产后心理健康的挣扎中提供空间。同时，需要正确地识别并放大特定症状，以便为产后妈妈提供相应治疗并为她们减轻痛苦提供更多途径。

妈妈们经常会错过的这些信息：

除了分娩者缺少产后焦虑的迹象外，新妈妈们也可能会忽视它们自身，或者出于各种原因不寻求帮助。

女性通常被训练成只在事情非常糟糕的时候寻求帮助，以此来淡化痛苦。她们可能会认为自己正在经历的事情是不真实的，是无法获得帮助的。

她们对焦虑的想法本身也可能感到耻辱或恐惧。许多新妈妈担心婴儿会被带走，如果她们告诉别人她们的真实想法，会被视为是不健康的。

或者说，很多时候，新妈妈只是觉得太忙、太累、没有人支持而无法集中精力，她们并没有寻求帮助。

谁有风险？最有可能患产后焦虑症的是那些在怀孕前和怀孕期间有过焦虑史的人，那些有焦虑家族史的人也更容易经历产后焦虑。

新生婴儿是一个巨大的压力源，许多在生孩子之前表现良好的女性会因新的焦虑而感到挣扎和困惑。这可能是因为她们总是容易受到焦虑的影响，而生孩子的压力激发了她们潜在的脆弱性。此外，与世隔绝和支持网络薄弱也会增加她们产后焦虑的可能性。

它看起来像什么？产后焦虑的类型可分为以下几类。这些症状中的许多表象都可能重叠。例如，以惊恐发作为特征的身体焦虑症状常常伴随着其他形式的焦虑而出现，或是所有人都可能出现的睡眠困难等。请注意，这些并不是准确的诊断标准。

恐慌或逃避的生理反应，如心率加快、呼吸急促、头晕、出汗、颤抖、四肢麻木。

焦虑、不断出现的"最坏情况"的想法、过度的担心、没完没了的"如果是"、无法停止或抑制忧虑、超警惕、失眠、强迫症。不必要的持续的闯入性思维，通常是关于婴儿的，有时是禁忌性的（例如性或暴力）。意识或思想可能是极端的，不符合价值观或自身意图。

强迫性行为：试图消除焦虑（检查、研究、寻求安慰）和回避（从不与婴儿单独相处，从不让其他人帮助婴儿）。

创伤后应激障碍：创伤性的分娩经历（例如，妈妈或婴儿的健康处于危险之中、紧急剖宫产、在分娩期间感到无力或无人支持）；再次经历创伤（噩梦或闪回）。

超警惕：避免与创伤相关的刺激。

怎么办？如果这些描述中的任何一个引起了你的共鸣，哪怕是一点点，请大声说出来！与你的家人或者其他新手妈妈联系，或与支持系统机构交谈，最重要的是寻求专业帮助。你不是强人所难，你也没有什么不对劲，你应该感觉好一点。

如果你认识一个即将要生孩子的人或是最近刚生过孩子的人，请经常和他们一起交谈。在交谈中不仅要问她们抑郁问题，还要问她们焦虑问题。

产后焦虑很常见，但并不经常被谈论。当产后抑郁或焦虑的新手妈妈寻求治疗时，她们的症状通常很快就会得到缓解。

女子因家庭问题带两个幼娃跳楼，全部身亡，留下的遗书看哭了众多网友。2017年1月6日晚8点左右，在湘潭河东纳帕溪谷住宅小区内，一位妈妈因为家庭问题，带着两个年幼的孩子从13楼跳楼自杀了。妈妈与2岁多的大孩子当场死亡，几个月的小孩子被送往一医院抢救，但最终抢救无效，也离开了人世！

看完这位妈妈的遗书，真的心痛不已。她经历了太多太多，生产前被丈夫怀疑患了性病，夫妻三观不合、老公出轨与多次家暴、公婆的不谅解、产后抑郁……她以前工作的时候年收入近十万元，可因为家，因为孩子，她选择辞职在家做家庭主妇。结婚后她没有收入，保姆辞职后，孩子都是自己和自己的妈妈带，她说之所以要带走孩子，是觉得孩子在一个经常吵架的家庭里生活不会幸福。她不接受离婚，也是因为她现在没有工作，在中国这样的情况法院肯定会把孩子判给丈夫，而她不能接受和孩子分离。

这位妈妈马上就要迎来31岁的生日。她和丈夫说得最多的就是尊重每个人的生活方式。可她的丈夫却觉得凡事要有规矩，只是这个规矩只能他给别人定，他不需要遵守。婚后，她之前3年的生日都是和丈夫的家人一起过，这一次她提出不和他家人过，她想过一个自主的生日，想去长沙吃自助。结果丈夫的朋友食言了，当她第二次提起此事时，丈夫却很反感，觉得她就知道玩。

在家里，她没有收入来源，一直都是丈夫赚钱。她努力做他想要的贤妻良母，她扮演着好妻子、好媳妇、好妈妈的角色。她3年生了一儿一女，她把所有的时间都奉献给了家，给了孩子。她曾满怀希望，希望在婚姻里能够早点自强自立。她却患上了产后抑郁，还遭遇了丈夫的冷淡、背叛甚至暴力。在丈夫眼里，她是一个一无是处的人。他从不把巴掌当巴掌，都是打一巴掌再给一颗甜枣。他认为，给了甜枣就不该再为巴掌介怀。

尽管如此，我还是为她和两个可怜的孩子感到惋惜。父母如果离婚，最受伤的就是孩子。她在婚姻的围墙里已经找不到出路，她快窒息了，似乎只有一死了之才能解脱。她纵身一跃，带走了两个孩子，而留给爱她的父母的只有无限的伤痛。纵然这个男人有再多的过错，公婆有多么不可谅解，自己有多么委屈难受，至少孩子是无辜的吧。他们是自己怀胎10月辛苦生出来的，为什么不选择离婚后带着孩子好好生活，非得用这样极端的方式呢？

她也曾考虑过等孩子上幼儿园就去上班，她也十分期待这一天。她曾经也漂亮自信。可现在在丈夫眼里自己是一只疯狗。我想她在这个不懂尊重、言而无信的男人身上已经看不到希望了，丈夫的暴力和蔑视让她彻底地绝望了，她只能选择带着孩子一起结束生命获得解脱。

这位妈妈在遗书里说，孩子是她和丈夫两个人的。可她忘了，虽然命是妈妈给的，但孩子是独立的个体，父母给了孩子生命，但没有权利剥夺他们的生命。想到两个幼小的孩子被妈妈从13楼拽下去摔死，笔者真的很不忍。孩子是多么信任自己的妈妈，他们永远也不会想到，妈妈会拿自己的生命报复爸爸吧。多么可怜的孩子啊！如果可以，下辈子一定要投好胎，到一个有爱的家庭里快乐健康地长大。

相关报道称，每10个产妇中，就有5~7人遭受产后抑郁症的折磨。如果事件中的丈夫能够多体贴妻子，多点关爱和陪伴，相信也不会发生这样令人心痛的事情了。女人怀胎10月，承受的压力旁人无法体会。孩子出生后，雌激素迅速下降，身体又不能马上恢复，如果此刻家人还不给予安慰和关心，那么很容易导致抑郁症。

事件中的丈夫在妻子生完孩子的第二天就怀疑她得了性病，站在女人的角度，我非常同情她的遭遇。产后丈夫不理解不体谅，还背叛出轨，找碴挑刺，各种不尊重不理解，如果不是绝望，任何一个女人都不会以这样偏激的方式解脱吧。产妇患抑郁症导致的悲剧屡屡发生，没有经历过的人根本不知道那有多痛苦。

2012年5月16日,在鲁能领秀城,一位年轻女子怀抱其婴儿从8楼跳下,双双身亡,只因女子患有产后抑郁症。

一位新手妈妈生育后不能适应角色变化,长期处于情绪抑郁状态,最终酿成悲剧:趁丈夫外出时亲手将儿子杀死,以达到让法院判自己死刑的目的。最终该新手妈妈被判处有期徒刑三年。

2014年3月,一位36岁的林姓女子,1个月前刚生完孩子,生产期间又有疾病发作,导致身体状况很糟糕。月子期间,她都在和病痛做斗争,其间还患了产后抑郁症。一天清晨,她终于熬不住了,趁家人睡觉时从12楼跳下自杀。

2015年3月,年轻妈妈小黄患了产后抑郁症,丈夫在此期间不够体贴,二人常因琐事争吵。小黄终将一锅滚烫的油泼向丈夫……因犯故意伤害罪,她被一审判处无期徒刑,并附带民事赔偿180万元。

2015年5月,被告人刘某的丈夫和婆婆出门走亲戚,留下刘某和年仅18天大的儿子。中午时分,23岁的刘某采取多种手段将儿子杀死了。

产后抑郁症是女性精神障碍中最为常见的类型。女性生产之后,体内的雌性激素急速下降,身体肥胖,心理脆弱,情绪变化很大,如果这时丈夫不懂得去承担照顾孩子和妻子的责任,那么很容易导致新手妈妈情绪起伏不定。

为了避免悲剧的发生,也为了预防产后抑郁,希望更多人,能够多给予新手妈妈关心和帮助,闲暇之时多陪伴她,帮她疏导内心的不愉快。逝去的生命已经无法挽回,能做的就是不要再让悲剧重演。

第二章

爱是加法,不是减法

第一节　爱在出征前

周芳老师说：

预则立，不预则废。

优孕是一个全新的理念：在精子和卵子结合那一刻的前3个月，甚至6个月，就应该开始做准备，因此生命的孕育不只是10月怀胎而已。新婚夫妇应力求在优身、优时、优境的最佳状态下，让最健康最富活力的精子和卵子把父母双方的精良基因如容貌、智慧、个性、健康等在受精卵中完美地进行重组。

阳光将万丈光芒洒向大地，卵子在承受了无数精子的洗礼之后，孕育出一个新生命。这是一种精子与卵子的连接，这是一种责任与情感的连接。我这里谈的性是纯洁的，更是无限高尚的。古人说性与食同样重要，在我看来最重要的便是孕育了一个新生命。没有食，人的生命就无法存在；没有性，新的生命就无法孕育。

然而，在远古的封建社会，女性被裹了脚，作为繁衍子嗣的工具，生育之后也很难享受到做母亲的幸福与快乐。

一个好的社会，一个好的国度，一定是珍惜女性的。因为孩子需要女性来孕育，只有珍惜孩子，才会有未来。一个家庭更是如此，因为妈妈的性格及生存环境直接影响着孩子的成长。

只有建设好每一个家庭才能够建设好一个社会。也因此，多数人都非常重视家庭的建设。女性是家庭的根，"妇女能顶半边天"。可是，由于女性自身的生理原因，她从出生起就被认为必须依靠男人。正如神话传说的造人故事中，女人被称作是用男人的一根肋骨做成的。事实上，所有的男人都是从女人的子宫里孕育出来的。

智慧的男人一定明白，爱自己的妻子对于幸福生活来说是必需品。

母亲节源于古希腊，正是为伟大的母亲而准备的。在远古时期，人们就已经明白了母亲的重要性。在我看来，每一位母亲都是伟大的，应该每天都被爱、被关怀而不是只在母亲节这一天享受到爱与关怀，她应该被放在家庭成员的心上。

要想有个健康聪明的孩子，优生不可忽视。"预则立，不预则废"用来说明优生优育也需要预先做准备是十分贴切的。提前做好怀孕的准备，打好基础是不可缺少的。就像栽树、种花、种庄稼之前，先要施基肥、翻整耕地一样，夫妇双方在孕前也需要调整好生理、心理状态，为怀上优良的胎儿而努力。

想当妈妈是大多数女性的正常心理需求。但光有愿望不行，除了做好各种物质、生活准备外，在心理上也应该做好相应的准备，有时心理准备比其他准备更重要。

女性必须懂得，从怀孕的那天起就意味着责任随之而来，对女性来说，怀孕是十分重要的。它是一个分水岭，要加上为人母的角色了，未来孩子的教养就需要由自己承担了。虽然怀孕后身体将发生很大的变化，精神上和体力上也会有很大的消耗，会出现许多麻烦、不适和烦恼，但是只要心中充满幸福、信心和自豪，就能用积极的态度去战胜困难，排除烦恼。有了这样的精神状态就会很快地适应身体的变化，奉献出自己的精力、创造力和责任感，做好胎教工作，为孕育胎儿准备良好的物质基础和完美的生理心理环境，让这个幼小的新生命在身体里健康成长。

所谓的心理准备大体要注意以下八项。

一是掌握孕育知识。要学习和掌握一些关于妊娠、分娩和胎儿在宫内生长发育的知识，了解如何才能怀孕及妊娠过程中出现的某些生理现象，如早期的怀孕反应，中期的胎动，晚期的妊娠水肿、腰腿痛等。这样一旦出现这些生理现象，孕妇能够正确对待，泰然处之，避免过度紧张和恐慌。怀孕期间，母体为了适应胎儿生长发育的需要，全身各系统都会发生不同程度的生理改变，其中神经系统的正常调节规律易失衡被破坏，由此而出现兴奋与抑制功能的不协调。

二是调节好身心状态。在相当多的重男轻女的家庭中，孕妇不知自己怀的是男孩还是女孩，往往会紧张、焦虑不安，容易产生情绪波动。另外，还有部分孕妇由于缺乏医疗保健知识，对妊娠及分娩感到不安或恐惧，怕痛、怕手术、怕难产等。这些心理上的变化，最终会使不少怀孕女性患上焦虑症，出现烦躁、易激动、失眠、食欲差等症状，很不利于母体和胎儿的身心健康。因此，女性要加强自我保健，注意孕前就调整好身心状态，心理上做好充足的怀孕准备，积极预防焦虑症的发生。

三是树立生男生女都一样的观念。对于这一点，不仅是准妈妈本人要有正确的认识，而且应成为所有家庭成员的共识。特别是老一辈人，要从重男轻女的思想中解脱出来，解除孕妇的顾虑。特别是在农村，面对社会强大的舆论压力，哪怕没有来自家庭直接的压力，孕妇也会不自觉地为孩子的性别担心。有了这样的顾虑，心理负担就不会小，这对母体与胎儿都不利。如果能有生男生女都一样的思想，则可放松心态，丢掉思想包袱，对母体与胎儿都大有好处。

四是保持乐观稳定的情绪状态。怀孕几乎是每个女性都要经历的人生过程，是一件喜事。作为女性，能体会到10月怀胎的艰辛滋味，也无愧于"母亲"这一光荣称号。不要把生产想得那么可怕，不必为此背上思想包袱。在怀孕的过程中，孕妇要尽量放松自己的心态，及时调整和转移产生的不良情绪，如夫妻经常谈心、给胎儿唱唱歌、共同欣赏音乐，必要时还可找心理医生咨询，进行心理治疗。

五是生活规律、饮食科学，保持良好的生活方式。生活方式和行为方式是受心理支配的，有了足够的思想准备，才能有意识地调整自己的行为方式，使自己逐渐适应生育的需要。妊娠期要注意适当休息，除保证晚上有充足睡眠外，白天也要有一定时间的短暂睡眠，午休是很重要的。妊娠期饮食要清淡而又富有营养，蛋白质、维生素及矿物质（如钙、磷、铁、锌）等营养元素的需求量要比孕前有所增加。要根据自己的胃口和喜好，适当搭配，品种花样更多些，以增加摄入量，保证膳食营养更合理。烟、酒均对孕妇和胎儿有害，应当戒除。丈夫在家也不能抽烟，以免污染室内空气。良好的生活方式不仅能促进母体和胎儿的身体健康，而且是心理健康的保障。

六是了解体育活动对调节心理状态的积极意义。适当参加体育锻炼和户外活动，放松身心。无论是孕前还是孕后，女性都要有适当的体育活动。到了妊娠中晚期，孕妇的体形会变得臃肿、沉重，这时候许多孕妇懒于活动，整天待在室内，这是不科学的。孕妇可根据自身实际情况，选择适宜的运动，尽可能多做些户外活动，这样有利于血液循环和调节神经内分泌，还可放松紧张与焦虑的心态。积极的体育活动能振奋精神，有利于胎儿的正常生长发育。

七是要做好怀孕以后会出现妊娠反应的心理准备。虽然大多数女性为要一个宝宝，已经做好了心理准备，但是她们没有想到的是孕后的种种不适会令人如此难受，如头晕、乏力、嗜睡、恶心、呕吐，有的甚至不能工作。可这只是孕育宝宝经历的第一步。要减轻这些症状，可以在早晨起床前先吃一些饼干或点心，吃完后休息半小时再起床。无论呕吐轻重，都不要不吃东西。要选择清淡可口的蔬菜、水果，少吃油腻、太甜的食物，以少吃多餐为好。感觉呕吐快要发作时，可以做深呼吸来缓解症状。如果呕吐严重，就要找医生诊治。

八是要重视产前检查，接受医生指导。有些准妈妈会担心宝宝在肚子里能否健康生长，会不会畸形。尤其是怀孕期间遇到伤病，会不会影响宝宝。将来出生的宝宝是否漂亮，是否聪明，是否健康，等等。那么定期的产前检查就是保证母子平安的重要措施，它已形成了一整套程序。产前检查有利于对妊娠情况的循序掌握，发现新的问题可及时得到解决，这成为优生的关键。有些妇女不懂得产前检查的重要性，心想只要怀孕期间没病没灾，查它干什么。已经怀孕了，到时只要能生下小孩就行。

事实证明，有心理准备的孕妇相比于没有心理准备的孕妇，前者的孕期生活要顺利从容得多，妊娠反应也轻得多。有了心理准备，孕前孕后的生活是轻松愉快的，家庭也充满幸福、安宁和温馨，胎儿也会在优良的环境中健康成长。

怀孕是女性一生中非常重要的事情，孕育生命的 10 个月，对准妈妈来说既是享受，也是一场考验，因为随着身体的变化，情绪也会有不同的变化。人们常说孕妇比较敏感，情绪波动大。但这些情绪波动的背后其实蕴含着同样巨大的生命礼物，除了即将出生的宝宝，还是一个重新认识自己的人生的机会，如果能够抓住这个机会，就有可能对生命有更深入的觉察和认识。

以下的几点建议，或许能给孕妈妈一些帮助。

提前做好心理铺垫，缩小隔代理念差距。如果没有这个前提，就容易在一次次的理念冲突中，陷入被动情绪。做好了心理建设，在面对不同观点时，就会多维度思考，理解文化和教育带来的重大差距，意识到对方不是在与自己针锋相对，而可能是时代的印记。

同时，对长辈的性格、脾气有所了解，知己知彼，能够站在对方的角度思考。原则是对事不对人，不要因为对方的言论生闷气。多给自己空间，对自己更加宽容。孕产期因为身体原因，情绪更易波动。此时，更紧要的是对自己的接纳和关爱。很多孕妈妈的辛苦只有自己知道，上班忙碌还要照顾家庭，付出太多却没有回报，难免积累怨气。"积怨"的产生，有时是因为付出和收获失衡，或者是缺乏外界的认可。根源上，放下"一味付出"的执念，在孕期阶段，保持心情愉快是非常必要的。参考积极心理学的理念，如记录美好时刻、享受美食、参加读书会、欣赏风景等，都是增加正面感受和调节情绪的有效行动。

最重要的是多一些自我关爱，这种关爱不仅是物质上的，更多是指心灵上的。重新认识自我，增强自我关照的能力。很多矛盾其实是自我的一些心理投射，如恐惧、愤怒等。某个场景可能会触发自己的心理按钮，可能和之前的经历相关。成为妈妈之前，需要投入时间做心理功课，去认识自己的性格，哪些事情容易让自己疲惫，陷入自我苛责，哪些容易让自己愤怒急躁，急于证明自我和对抗外界。一个有自我关照能力的人，才能有更多的能量滋养外界。

完善自我人格是一生的修炼功课。有时候，让自己情绪波动的人或事，有可能是增加自我了解的渠道。同时，学习儿童心理学和教育心理学的相关知识，能更多地理解即将到来的新生命。

育儿犹如农业种植，它不是工业生产，不存在所谓唯一正确的"育儿观念"，如果自己的理念和家人的不同，也不要急于指责对方来证明自己是对的。用心"看"孩子，用爱去呵护，这样的教育不会差。

愿准妈妈们能够温柔对待自己，用新的视角看待自己和他人，看待环境，关注自己的内心需要，积极地表达和倾诉。一个智慧的妈妈，眼里有光、心里有爱，她用柔和与温暖来映照自己，也映照即将呱呱坠地的宝贝。

第二节　成为全职妈妈

周芳老师说：

常常有人误解全职妈妈这个群体，认为她们百无一用，对家庭毫无贡献。很多人指责她们的时候，最多的理由就是她们从来不赚钱。但是我认为，她们的工作带来的实际价值，远远超过表面上看到的那些。

对于全职妈妈自身而言，成为全职妈妈并不意味着自己从此便要深陷于柴米油盐酱醋茶的桎梏中，从而忘记仰望星空。全职妈妈的价值感不仅仅要依靠家人的肯定，更多的时候是依靠自己的清晰规划、不断学习、自洽心态。在家时，她们是无所不能的全职妈妈，进入职场后，她们依旧可以是叱咤职场的优秀女性。全职妈妈的这段经历，让她们更加清楚地知道了自己是谁和自己要成为谁。

所以请记得，女性可以成为全职妈妈，但是不可以忘记自己的梦想。

说到妈妈，你脑海中浮现出的画面是什么？是系着围裙，每天在厨房里与油烟为伴的辛苦，还是踏着高跟鞋，不分昼夜地在单位忙碌工作的艰难？是耳畔不厌其烦的唠唠叨叨，还是与家人聚少离多的忙忙碌碌？

妈妈，被称为"世界上最辛苦的职业"。回归家庭，抑或兼顾职场，只是母爱不同的打开方式。365天无薪无休，全职妈妈恨不能有"三头六臂"。如果有一份工作，全年无休不得请假，必须24小时待命随叫随到，还没有一分钱的工资，你会去做吗？这份让大部分人望而却步的工作，就叫"全职妈妈"。随着二胎时代的到来，全职妈妈逐渐增多，有些人是因为丈夫太忙或没有老人帮忙，不得不选择当全职妈妈；有些人是想全程参与孩子的成长过程，不想在工作和家庭中不停抉择而自愿回归家庭。无论什么原因，照顾孩子的同时又要打扫、买菜、做饭、洗衣服，等等。

全职妈妈的一天，究竟是怎样度过的呢？

6:30 孩子的哭闹声就是全职妈妈的人肉闹钟，起来哄孩子，给孩子换纸尿裤。

6:45 做全家人的早餐。

7:00 叫老公起床，带孩子刷牙洗脸洗屁股。

7:30 老公去上班后自己给孩子喂奶或喂饭。

8:00 喂饱孩子，把孩子放在一边，让孩子自己玩会儿，妈妈则赶紧吃两口早饭。

8:10—10:00 给孩子换衣服，准备水和水果，带孩子出门去公园逛一圈，回来的路上顺便买菜。

10:30—11:30 回到家，洗早上的碗，把要洗的大人衣服放进洗衣机中清洗，收拾房间、叠被子、拖地，把孩子放在一边让孩子自己玩。

11:45—12:30 为宝宝准备辅食，喂饭。

12:40—13:00 自己随便吃一口，通常是剩饭剩菜或者煮面条。

13:10—15:30 哄孩子午睡，爱睡的孩子一般 10 分钟左右可以入睡，接下来的时间，妈妈可以自己眯 30 分钟，然后起来把中午洗的衣服晾上，再手洗宝宝的衣服。对于不爱睡的孩子，通常这 2 个多小时都在和孩子斗智斗勇。

15:30—17:00 叫醒孩子，给孩子加餐，天气好就带孩子出门逛逛，天气不好就在家陪孩子玩一会儿。

17:00—18:00 收回晾干的衣服，准备一家人的晚饭。

18:30—19:30 吃晚饭，洗碗，收拾桌子。孩子可以暂时交给老公看一下，或者让孩子自己玩一会儿。

19:30—21:00 给孩子洗澡，唱歌读书，哄睡。和中午一样，爱睡的孩子可能只要 10 分钟就入睡；不爱睡的孩子，能一直折腾到晚上 10 点甚至更晚。

21:00—22:00 洗漱，趁孩子睡了，终于躺下了，突然想起来好像衣服还没叠，不管了，明天再弄吧，先玩会儿手机。

23:00 睡觉。

以上，只是一个全职妈妈最普通的日常时间表。这还不包括夜里频繁地起床喂奶、盖被子、哄孩子。如果遇上宝宝生病，那更是全天无休，彻夜无眠。

全职妈妈，这个看起来轻松又美好的职业，常常被人羡慕，"啊，你不用上班，每天在家陪孩子，多好啊！"可是撇开辛劳不说，个中辛酸，又有谁知道呢？成为全职妈妈最初的一段时间，可能老公、家人会感激你的牺牲和付出。但时间久了，好像一切都变得理所当然了。

"带个孩子能有多累啊！"这是许多爸爸对全职妈妈的普遍看法。更有些爸爸，毫不避讳自己对全职妈妈的轻视，"我老婆全职看孩子，就是每天在家玩，哪像我上班这么辛苦。"因为自己不赚钱，没有经济来源，一切开销都要向老公或者家人伸手，慢慢地，全职妈妈在家里的地位就越来越低。带好孩子，做好一切家务，让家里干净整洁，让上班累了一天的老公到家后就马上吃到可口的饭菜，都变成全职妈妈应该做的事。因为不上班嘛，就陪陪孩子，有的是时间。哪样没做好，一定是偷懒了。可是，一个孩子闹腾起来，真的可以磨掉大半天时间，让人什么都做不了。洗干净的衣服、拖干净的地板、刷好的碗，真的会因为"熊孩子"的出现，让妈妈的辛苦瞬间清零。每日每夜重复带娃做家务，得不到喘息，还不被理解，真的会让全职妈妈失去安全感，内心越来越焦虑。

曾经有人算过全职妈妈为家庭所做的贡献，所省下的钱，一个月竟能过万！尽管全职妈妈创造的社会价值远不比任何一个职业低，可谁会真的在意这些？对于全职妈妈来说，唯一的安慰，可能就是自己和孩子之间那份谁也取代不了的亲密感，以及看到孩子一天一天健康长大，在自己的辛苦养育下越来越懂事。也许有一天，孩子长大了，全职妈妈还会回到工作岗位，或者在其他领域发展，但不管如何，为了能走好以后的人生路，做最好的自己，做好孩子的榜样，请全职妈妈记得，一定不要和社会脱节，请跟着孩子一起成长。

"孩子的降临打破了原本二人世界的平静，甚至让人有点措手不及。突然间，生活没有了自由，除了孩子还是孩子！"

袁红英是一个向往自由的人。刚结婚时，她在银行上班，工作轻松，待遇也不错，但每天的按时上下班和复杂的人际关系让她觉得自己那颗向往无拘无束生活的心受到了束缚。

她义无反顾地辞去了那份令人羡慕的工作，开起了网吧。

每天边做生意边畅游在各个论坛里,晚上下班后和老公先去街头的排档喝上一碗热气腾腾的骨头汤,然后相拥回家,日子过得舒适而惬意。原打算这样的日子再过上三五年,却不料,孩子不期而至,这个柔柔弱弱的小不点打乱了她全部的生活。因为父母都有自己的事,先生又要经常出差,她没有任何选择地做了全职妈妈。她开始每天与时间赛跑、与尿不湿相伴,以前的朋友几乎不联系了,郊游、聚会这些词在她的字典里已彻底消失了,她的世界里除了孩子还是孩子。

每当累得筋疲力尽并且狼狈不堪时,她就发现自己已经不是原来的自己了,她已经完全陷入自己所厌恶的那类传统的家庭主妇生活中去了,这不是她想要的生活!她开始重新审视自己,觉得自己要争取做个好妈妈,但更不能失去自我。

全职并不代表生活里只有老公和孩子,女人的精彩还是要自己创造!不时地给老公、给家人露一手自己的爱好,让他们惊觉:原来她这么棒啊!

袁红英首先整理了每天要做的事和可能发生的事,然后对这些事进行了统筹安排,什么事可以在孩子睡觉时做,什么事可以边带孩子边做。这样一来,她每天在带好孩子、做好家务的同时有了很多属于自己的时间。在属于自己的时间里,她又可以泡在网上了解各种信息,也可以尽情地和久未联系的朋友煲电话粥了,还可以敷敷面膜、整整头发……她几乎又回到了以前的生活!

生孩子前,做菜是她的一大爱好。每每看到老公吃了自己做的菜后幸福满足的样子,那种开心劲就别提了!有了孩子之后,那种手忙脚乱的生活让她许久没进厨房了。现在,利用空闲时间,她又开始琢磨着做一些营养丰富的菜肴和点心,做完后还拍成照片,和网上的朋友一起分享成功的喜悦。一个偶然的机会,她成了《母婴世界》围裙妈妈栏目的"围裙妈妈"。根据自己的经验,结合理论知识,她潜心研究宝宝菜肴,这些用爱心烹制出来的辅食和小点心,博得了许多新手妈妈的认同!她说,做围裙妈妈带给自己的不仅是快乐,更多的是一种价值的体现,现在的全职妈妈已不再是"家庭主妇""黄脸婆"的代名词了,全职妈妈一样可以活出自我、活出精彩!

也许有人会问:每天在家里与孩子相伴不枯燥吗?袁红英说,与孩子相伴的每一天都是快乐的,看着她一天天长大,听着她用稚嫩的童音喊妈妈,用刚学会不久也并不十分清楚的话跟自己诉说她看到的花、鸟、树,那种幸福不是语言可以表达的!并且在这个过程中,还可以做一些自己爱做的事情,自己并没有被孩子牵着走，而是带着孩子一起往前走，由自己主宰的生活能不开心吗？

有了孩子后，为了让孩子有一个良好的成长环境，很多职场妈妈辞掉了原来心爱的工作，在家全心全意照料孩子、照顾家庭。可以说做全职妈妈的女性是非常伟大的，她们付出了比常人更多的辛劳，很多妈妈在全职带娃后会觉得没有了工作，生活中除了孩子就是家务，有时会觉得很迷茫。那么，如何做一个快乐的全职妈妈呢？

全职妈妈每天陪伴孩子成长，不会错过孩子成长的每一个瞬间，所以在孩子三岁前，家里经济条件允许的妈妈，还是可以暂时放下手中的工作，因为在这关键的几年里，在妈妈照料下长大的孩子身心会发育得更好。在照料孩子的同时，因为要时常保持乐观的心态，可以经常带孩子外出找志同道合的其他妈妈聊聊育儿经，拉拉家常，这些都有利于缓解不良情绪。

坚持记账。很多人会有这样一种感觉，不知道赚的钱都花哪儿了，每个月都觉得好像没怎么花钱，钱就没了。一个家庭的日常开支管理不好，会严重影响家庭生活品质和幸福。这个时候全职妈妈就需要使出必备技能——记账，做好各种消费预算。比较便捷的记账方式是在手机上下载一个随手记账的App，养成定时记账对账的习惯。及时查看每个月到底把钱花在哪些地方了，这些钱到底是不是必要支出。慢慢地就会发现很多东西其实没必要买，有的钱是可以省下来花在更有意义的事情上面或者变成储蓄的，减轻家庭经济压力。长期坚持记账可以使整个家庭的财务状况变得非常健康，记账节流能为家庭总资产的提升做出不小的贡献。

坚持学理财。全职妈妈除了操心一家老小的衣食住行，更多的时候，她们也想为增加家庭收入贡献自己的力量，减轻家庭经济支柱的压力。因为她们手中往往掌管着经济大权，所以她们大多会选择投资理财"让钱生钱"，获得"睡后"收入。她们努力学习基金定投，了解股票知识，再选择出适合自己、适合家庭经济情况的理财方式，让手中的钱产生更多的价值，也为家庭的财务保障做出自己的努力。

坚持提升自己。作为一个优秀的妈妈，不光要爱家人，爱孩子，更要爱自己，因为妈妈是孩子的榜样，妻子是丈夫的镜子。妈妈生活状态的好坏直接反映了整个家庭的状态。所以要坚持学习和进步，不断提升自己。培养自己的兴趣和爱好，坚持读书，至少掌握一项硬本领，让自己内外兼修，变得从容、优秀、充满魅力。

上班的人有固定的下班时间点，可是全职妈妈什么时候下班？压根没这个概念。从早上醒来那一刻开始，一直持续到临睡前，甚至都还没结束。

很多人认为全职妈妈每天不用上班，可以自由安排生活，可是我知道：她们的时间总是被打散，还不得不时时刻刻转移注意力，没办法一口气完成一件事，更别提完整地看一场电影，尽情地逛一次街，毫无牵挂地旅一次游。

全职妈妈在家想休息就休息？事实是，她们压根没有任何可以停下来的时间——买菜、洗菜、煮饭、给孩子喂饭、把掉在地板上的食物清理干净、洗碗、哄睡，三四个小时之后再重复，第二天继续进行类似的步骤……全职妈妈常幻想着能有1个小时完全属于自己，安静放松地享受一顿午餐，或者睡个午觉。有时候她们十分羡慕那些上班的朋友，因为上班的人有时间休息一下，聊聊天，吃吃零食。

不知道全职妈妈是如何做到的，她们无尽的耐心和积极对待每一天的心态令人佩服，即使孩子让她们筋疲力尽，她们还是能让孩子感受到生活的快乐。她们的付出让人佩服，只要孩子呼唤，她们就能马上出现在孩子身边。即使生活不易，全职妈妈也想尽办法坚持下去。她们的不求回报让人佩服，没有感谢，没有掌声，没有工资，没有奖励。

大家都希望孩子能生活在被关爱的环境下，在爱中尽情成长，全职妈妈为了这一目标的实现付出了时间、精力与爱，她们是值得被赞颂的。

第三节　既恐惧又憧憬

周芳老师说：

恐惧，源于未知。

克服恐惧需要学习，学习是战胜恐惧的利器。

对于孕育这件事情，女性之所以会恐惧，是因为不知道前方等待自己的是什么。之所以不知道，是因为知识的匮乏。当自己感到恐惧和迷茫的时候，就是应该开启学习之旅的时候。所有的事情都是如此，不仅仅是孕育。

学习对于个人的成长来说，始终是至关重要的。每一个人在自己的一生中，都在不断学习，只有学习，才能有更开阔的眼界，才能看到更大的世界，才能拥抱更美好的生活。知识是人生最大的财富，这从来都不只是一句老生常谈的话，学习始终能够改变命运。

同时，也恭喜此刻正在读这本书的你，当你愿意打开这本书并细致地阅读时，你就已经开启了自我学习的历程。我相信，这样的你，未来一定会越来越好，在你的余生之中，憧憬多，恐惧少。

很多女性在自己小的时候，常常听妈妈说生孩子很疼，长大后又看到电视剧里很多女性生完孩子以后，被曾经很爱自己的丈夫抛弃，从而产生了心理阴影。

孕育是正常的繁衍后代的生理活动，是人类的自然本能。分娩固然痛苦，但没有那么可怕，怀孕期间做好身心准备有助于缓解分娩疼痛。

分娩前多与医生交流，确定分娩方式，并根据情况让医生指导分娩前应做的准备，如进行呼吸练习等。另外，也可向医生咨询无痛分娩、药物性镇痛等缓解产痛的分娩方式。

目前，有音乐分娩、坐式分娩、水中分娩等分娩方式，还有家庭式产房，丈夫可以陪产，孕妇可根据情况采用。

无论采取哪种分娩方式，产妇时刻保持心情舒畅，对缓解恐惧和疼痛是非常重要的。分娩时对疼痛要有积极的心态，这是正常的现象，不必恐惧、焦虑，可进行自我暗示和自我安慰，当感到疼痛时要想到初为人母的喜悦，从而转移注意力。家人尤其是丈夫，在这个重要的时刻一定要陪伴在孕妇身边。

生孩子前应该注意什么？

一是避免过度紧张。精神过度紧张，使肌体对外界刺激的敏感度增高，轻微的外界刺激立刻会引起疼痛。所以孕妇在临产前要消除顾虑，保持轻松愉快的精神状态。生孩子虽有一定的痛苦和危险，但绝大多数是顺利且安全的，难产是极少数。特别是在现代医学技术发达的条件下，分娩的安全性已大大提高。如果孕妇能认真进行产前检查，重视孕期保健，一般不会出问题。

二是避免性急。有些产妇是急性子，未到预产期就焦急地盼望早日分娩，临近预产期时更是焦虑不安，甚至乱用中西医催生药物，给分娩带来不良影响。预产期是有一定活动期限的，提前或推后十多天都是正常的。但如超过预产期10天还不分娩，应请医生查明原因。

三是避免粗心大意。少数粗心大意的产妇和家庭，到了妊娠末期各种准备仍不充分，临产时手忙脚乱，容易发生意外。有少数孕妇已接近预产期，还乘坐车船到异地，由于车船的颠簸和劳累，常在途中造成意外分娩，威胁母子的生命安全。所以，孕妇临近预产期最好不要随便外出。

如何消除生孩子的恐惧？最好的办法还是家人在身边陪着，让孕妇充分地感受到安全感。面对有生孩子恐惧症的孕妇，家人一定要积极地开导，让她们在家人的言语鼓励下，转恐惧为对孩子的期待。

第四节　收敛梦想的羽翼

周芳老师说：

有规划有计划的人生叫旅行，没有规划没有计划的人生叫流浪。

那么全职妈妈是不是在流浪？

因为全职妈妈每天都在围着别人转，唯独没有给自己留出时间与空间，导致很多人觉得全职妈妈做的事情似乎全是机械性的。因此，对于"妈妈"这个角色而言，首先要做到角色唤醒，然后要进行角色转变，最后要进行角色扮演。

什么是角色唤醒呢？哦，我是妈妈了，我已经是妈妈了，这是唤醒自身的角色。然后是角色的转变，进而进行角色的扮演。先唤醒，再扮演好自己的角色。在角色扮演中，认同自己的角色，接受自己的角色，不时地转换自己的角色，能够扮演不同角色的妈妈一定是幸福而快乐的。

都说"女子本弱，为母则刚"，孩子的到来赋予了妈妈一份沉甸甸的职责和使命，也让妈妈的生活发生了许多改变。每位妈妈的改变，似乎都是潜移默化的，有的时候就连她们自己都没有意识到，自己的生活竟然能因为一个小生命的到来而改变了这么多。

购物车里，多了许多比护肤品、时髦的服饰更重要的东西，如孩子的奶粉、衣物、纸尿裤……家里囤了多少都不嫌多，这些东西的重要程度必然排在那些我们曾经最先想要买单的东西之前。熬最深的夜、追最火的剧，睡到自然醒还能再赖一会儿床的生活，在当了妈妈后就只能留在记忆中了。从有了孩子开始，哪个妈妈不是睡很少起很早，一年到头睡不上一个安稳觉？

衣服普通一点没关系，重要的是要舒服耐脏，方便抱孩子，有亮片的衣服也不敢再穿了，生怕划伤了扑过来要妈妈抱的孩子。好不容易把孩子托付给家里人，自己出去逛趟街，买来买去都是孩子的东西。

"妈妈"是世界上最忙碌的职业，就算一直很努力也难免遇到突发问题而手忙脚乱。妈妈肩负着太多的使命，为了成为孩子心中的满分妈妈，恨不得将全部精力都放在孩子身上。尽管如此，还是会时常觉得愧疚，觉得自己还能投入更多，还可以做得更好。

但是妈妈是否想过：每天还剩多少属于自己的时间？不用照顾孩子，不用辅导作业，不用做家务也不用应付公婆，那种真正属于自己的时间，还有多少呢？

属于妈妈的时间，只在孩子睡着后。把孩子哄睡着，再爬起来工作，是很多职场妈妈的日常。不仅如此，带着孩子的时候连好好吃饭、享受美食都很奢侈。好不容易约了朋友带着两家的孩子一起喝茶聊天，却被孩子们催得不行。一会儿"妈妈我想吃草莓""妈妈我想吃雪糕"，一会儿"妈妈我想上厕所""妈妈我想回家了"……

当了妈妈之后，变了多少呢？

听朋友说，她妈妈要去国外探亲，东南亚的天气热得吓人，她妈妈到她的房间拿一瓶防晒霜，顺便还拿了她的口红和眉笔。在此之前，她从未看过妈妈用化妆品。她妈妈试口红时脸上显露出从未有过的欣喜。她说："哎呀，你还会这个啊？"妈妈拿着口红的手突然抖了一下，愣了一下说："我年轻的时候，这些都用的，只不过后来嫁给了你爸爸，生孩子后，为了照顾你们，就没有时间搞这些了。"她妈妈曾经也是个爱美的姑娘。只是后来，嫁做他人妇，生儿育女，料理家务，经营家庭，然后，变成了另外一个模样，丢弃了从前的自己，变成了妈妈。婚姻的一地鸡毛和家庭琐事让她慢慢失去了自我，成了一个围着孩子团团转的家庭妇女。而这次国外探亲，让她慢慢想起过往，想捡回从前的自己。

为了孩子，很多妈妈逐渐失去了自己，把孩子变成了自己生活的全部，围着孩子团团转。长此以往，当妈妈的很难快乐，孩子也会有很大的压力和负罪感。很多人在当了父母之后，就牺牲了自己的大部分生活，不再拥有梦想，失去了自我，孩子过得好就是他们最大的盼头。奉献了全部，伟大了自己，成就了孩子。

第二章 爱是加法，不是减法

可这样真的好吗？

演员朱雨辰与他的母亲上过一档节目《我家那小子》。在节目里，朱雨辰妈妈诉说这些年来对儿子的付出。儿子在北京读书工作，她就从老家搬到北京照顾儿子；儿子进组拍戏，她也跟着到剧组为儿子洗衣做饭；多年来，她每天坚持在凌晨4点起床，就为了亲手给儿子熬一碗梨汤去火……她把自己的全部时间奉献给儿子，她觉得很值得，也很骄傲。她说："我没有自我，我是用整个生命去对待我儿子的。"

似乎很多父母都认为，自己出去玩是一件不应该的事情，拥有自己的生活，让自己过得更开心，会让他们产生愧疚感。牺牲自己，让子女过得幸福，这才是大爱。可是，这种大爱，对孩子来说，其实是一种负担。

电视剧《少年派》里学霸钱三一的妈妈裴音对儿子的爱，令很多网友觉得难以接受。为了抚养、教育孩子，原本是著名歌唱家的她，放弃了工作，放弃了梦想。为了孩子读书方便，她搬到了离学校更近的房子。即便自己的婚姻早已名存实亡，为了孩子，裴音也要和丈夫耗下去，坚决不肯离婚。她放弃了一切，从早到晚，对孩子的照顾无微不至，全身心投入教育孩子这件事情中。可她的付出，却让儿子感到窒息。因为婚姻失败，裴音每一天都摆着一张冷脸，十分哀怨。她对孩子有很强的控制欲，钱三一的学习、兴趣甚至是交友，她都要介入。如果孩子反对，她便以"我对你的付出"进行道德绑架。生活在这样的家庭里，钱三一十分压抑，懂事的背后是怨气和叛逆。他会把母亲每天辛苦熬制的汤药倒掉，他会与母亲撒谎出去玩，他会想要脱离母亲的禁锢离家出走，他也羡慕邻居家女孩的无忧无虑、大大咧咧。母亲的爱，让他感到痛苦。即便在外人看来，他才华横溢，孝顺懂事。钱三一希望母亲能有自己的生活，而不是一味地为自己付出。他想让母亲明白：每个人都应该有自己的生活，除了爱他，更重要的一件事是要学会爱自己。

作为父母，都希望能够把最好的一切给予子女，子女过得好，他们才会过得安心。可是，只有父母把自己照顾好，自己过得开心，子女才会觉得放心。在父母的生活里，不应该只有孩子，他们也应该拥有自己的爱好，而不是围着子女转，不是做的所有一切都是为了子女。他们要把生活重心放在自己身上，为自己而活。所有的父母，都有资格、有权利拥有自己的人生。

当妈妈后很容易迷失自我。生完孩子后，头衔就从"亲爱的"，变成了"孩子妈"；从一个拧不开瓶盖的弱女子，变成了一个可以单手抱孩子的女超人；从一个出门一定要化妆的精致少女变成了不爱保养的中年妇女。身份的转换，让她们迷失了自我，沉浸在妈妈的角色里无法自拔。

电视剧《三十而已》中，顾佳对怀孕的闺蜜钟晓芹说："出了月子的第一天，我突然感觉到顾佳已经死了，活下来的是许子言的妈妈。我经常看着许子言我就在想：他什么时候能快点长大，能一个人睡觉，一个人吃饭，能管理好他自己的情绪，能把我还给我。"

当了妈妈后，渐渐地，就会觉得自己不再是自己了，生活、习惯，甚至是容貌身材都可能发生翻天覆地的改变。可这就意味着失去自我，只能为妈妈这个身份活着吗？不，不是的。"妈妈"不是牺牲的代名词，在做好一个妈妈的同时，也要做好自己。闲暇时，捡起自己从前的爱好，看看书，跳跳舞；出门时，稍微打扮一下自己，涂涂口红，画画眉毛；在孩子能够独当一面时，慢慢学会放手，让他学会独立，而不是一味依赖。妈妈依然可以有自己的想法，依然可以经营好自己的人生。别把自己禁锢在"妈妈"的称号里，因为除了是妈妈，女性还是她自己。

为孩子牺牲，把全部的时间、精力、感情都投入孩子身上，为孩子而活，是一部分中国妈妈的现状。可是，这并不伟大。

妈妈们扪心自问，当看着孩子熟睡的脸，说出，"亲爱的，我这辈子就为你而活"的时候，自己真实的内心是什么样子的：是一片繁花似锦，还是一片荒芜之地？夫妻关系是什么样子的：是夫妻恩爱、家庭和睦，还是感情淡薄、缺乏温暖？人生规划是什么样子的：是拥有梦想和计划，还是一片迷茫？对未来的信念是什么样子的：是充满了希望，浑身是劲儿，还是内心冰冷，充满绝望？答案自在心中。事实上，一个为孩子而活的妈妈，往往把孩子当作她们逃避自我依附于人的救命稻草。可怜的孩子，多么稚嫩娇小，就被动地接受了如此大的压力，如果孩子能表达，一定会说："妈妈，求求你，不要为我而活，你的生命很重，我承担不起！"

一位女性，当从自己身上得不到爱的呼应，自己又不够强大的时候，就会转向自己的孩子。很多女性是把对老公的爱，对孩子的爱，对自己的爱，集中在孩子身上。这样的后果非常严重。

第二章　爱是加法，不是减法

妈妈为了孩子，委屈自己承担痛苦，孩子其实是可以感知到的，妈妈的愤怒、妈妈的怨恨、妈妈的绝望，都会投射到孩子的身上。孩子爱妈妈，会不自觉地与妈妈一起承担这种痛苦。

笔者见过一个非常温柔善良、隐忍一切的妈妈，她带出来的孩子反倒特别自私。因为孩子从小就意识到，妈妈在这种压抑的生活里并不快乐，他把妈妈没有表达的对外界的愤怒，甚至对父亲的怨恨都表达了出来！

如苦行僧似的自我牺牲，教育不出一个健康的孩子来。如果希望孩子坚强，妈妈自己就得坚强！如果希望孩子快乐，妈妈自己首先要快乐！把自己的生命活成一个典范，孩子才有可能幸福。妈妈要为孩子活出幸福的样子，孩子才会知道什么是幸福，而不是天天用一种不幸福的状态教导孩子如何幸福！

在"满分妈妈"和"精英女性"两个截然不同的完美人设中自如切换太难太累了，偶尔也需要停一停。当了妈妈后，更应该好好爱自己。即使当了妈妈，也不代表需要为了孩子失去自我。放下完美主义者的执念，就做个 80 分的妈妈，少一些"奉献"，保留一点属于自己的空间。慢慢吃一顿饭，认真读一本书，精心布置一下自己的小家，也留下些精力去好好爱自己。

宠爱自己，需要来点不烦琐的仪式感。比如，泡澡就像是每天的一个仪式，很多人热衷泡澡，并不是要把自己洗得多干净，而是因为它是一种爱自己的生活方式，而且触手可及。调暗浴室的灯光，配上舒缓的音乐，装满一缸热水，点上一支喜欢的味道的香氛蜡烛，难得的惬意来得一点都不复杂。这样舒适的私人时间同样也是不容错过的美肤黄金时间。拿出一张满载精华的面膜，静静贴上等待 20 分钟，事半功倍的护肤就是这么简单。香喷喷的泡泡浴，软绵绵的沐浴球，谁说做了妈妈就不能拥有少女心？偶尔做一回小公主，不做一直围着孩子转的"陀螺"妈妈。沐浴后也别忘了涂抹身体乳，身体乳的香气能让陪孩子一整天紧绷的神经放松下来，让妈妈在有限的睡眠时间内，尽量得到高质量的休息。

爱自己不是表面功夫，细节处的小心思藏着你的生活态度。沐浴后不能随随便便穿件宽松 T 恤，睡衣绝不能"穿着舒服就好"，藏于细节中的优雅和小心思能让自己觉得生活充满幸福感，更何况一套好的睡衣可以提高睡眠质量。都说一个人爱不爱自己，从他的睡衣就能看出来，从睡衣非常容易看出一个人对待生活的态度。宅在家的时间越久越是发现，挂在嘴边的仪式感千万别流于表面，爱自己不能只做表面功夫，从一套高品质的睡衣开始宠爱自己吧。好的床品也是一样，在意生活、在意睡眠的人对于床品总是格外挑剔。把自己裹进软软的被子，在丝滑柔软的触感中醒来，感觉真的很美好。

妈妈的手边需要常备一本书。在家里的"小怪兽"降生之后，妈妈的时间被分割开来。孩子睡了，要赶紧洗衣服；一早起来，要准备家人的早餐；趁孩子自己玩耍，要赶紧做饭；趁着天气好，带孩子出去晒晒太阳……有没有想过，自己有多久没有静下心来好好看一本书了？每天讲给孩子听的绘本，各种各样的实战育儿书籍，在面对一个新的生命时，有那么多僵化的思想和看法需要打破，还需要给孩子及时正确的鼓励和引导……给自己留一个独处的空间，手边常放一本自己喜欢的书，只是为了在结束带孩子的各类琐事之后，可以抽出身来。除了育儿类的书籍，也可以读一些与自己持不同观点的作者的书，每个人都有不同的生活经历和看法，有的时候他人的不同观点会让想法走入死胡同的人豁然开朗。做父母本身就是一个需要终身学习的职业，对于正在成长、需要培养出好习惯的孩子来说，榜样的力量是无穷的。妈妈爱读书，既是对孩子良好的影响，也能使自己成长。

特殊的日子就送给自己一份心仪的小礼物，开心的日子就在家中摆上鲜花，即使承担着"为母则刚"的责任，也别忘了在忙碌的生活中好好宠爱自己。

第五节　母亲的坚强

周芳老师说：

为母则刚，那么，女性的坚强表现在哪儿？

坚强地成为孩子的榜样。孩子是母亲的复印件。母亲的坚强不仅仅是为自己，也是给孩子的最好的礼物。你未来想要一个什么样的孩子？我想，一定是一个健康、坚强、自律、自信的孩子。亲爱的各位女性朋友，如果你未来要成为母亲或者是已经在孕育的道路上了，那么，请记住：在成为母亲的这条道路上，要修炼的五样东西是：扬在脸上的自信、长在心底的善良、融进血里的骨气、如清风拂面的温柔、刻进命里的坚强！

"母亲"，多么美好的字眼，多么神圣的字眼，多么沉重的字眼。少女蜕变成母亲是被赋予使命的。母亲不是一个简单的称呼，而是一种责任，一种使命，一种一辈子不会失业的职业。世界的伟大，正是因为人类有了坚强而慈爱的母亲。母亲所赋予生命的深度和广度，比我们从任何书本上学到的还要多。母亲的微笑是世上最美的花，是人间最甜的蜜，这微笑浓缩了母亲对孩子那发自内心的深沉的爱，无价的情，让我们从中读懂了生活的意义，生命的价值。

那生命是什么呢？这是个深沉而又复杂的问题。是以为高洁，君以为何？是以为默然，君以为何？是以为坚强，君以为何？我时常思考着。我认为生命的意义在于勇气与坚强，只有这样的生命才能释放万丈光芒。

坚强是人必须拥有的一种品质，坚强的人遇到再大的打击也能勇敢面对。坚强是人能够做成事情的基础，只有坚强了，面对困难的时候才不会手足无措，会更加勇敢地去面对它，战胜它。

人生短短几个秋，倘若你把时间花在感慨自己的不幸上，会浪费掉多少时间啊！如果把这些时间用来拼搏，虽然不清楚最后能不能获得成功，但是你在拼搏的同时也提升了自己，总比迷茫和碌碌无为要好。当你提升自己后，就会有更多机会降临到自己身上。如果你不坚强，整天都迷茫的话，那么机会就会与你擦肩而过。

女性固然是脆弱的，母亲却是坚强的。但坚强不是一个抽象的概念，化为实际行动就是对自己保持自信，勇敢面对生活中遇到的挫折，不害怕。坚强就能看到希望。坚强是一种乐观的心态，能坦然面对许多不确定因素，让自己更加快乐地生活。

49岁的徐桂容是两个重度脑瘫孩子的母亲，大儿子25岁，小儿子13岁，两人都瘫痪在轮椅上，并且有重度智力残疾。在照顾儿子的25年间，徐桂容形容说"每天都像打仗"。徐桂容的家有些特殊，不管何时，她家阳台上都挂满了刚刚晾晒好的衣服。徐桂容说："别人家可能两天洗一次衣服，我们家一天要洗十次衣服。"因为两个孩子不会说话，大小便都不能自理。过去25年间，徐桂容除了每天照顾两个瘫痪儿子的日常起居外，还要带他们进行康复训练。徐桂容今年才49岁，但头上斑驳的白发，似乎在诉说着她这25年来的艰辛。医生说，脑瘫是引起孩子身体残疾的主要疾病之一，患者会伴有行为异常、智力落后、感觉障碍等症状的发生。当时，徐桂容听到后感觉天塌下来了。

25年间，她用母爱为孩子撑起了一片天。两个儿子都属于脑部发育严重滞后的孩子，属于一级脑瘫，也就是脑瘫中最严重的。除了严重肢体残疾，智商只相当于三四岁的孩子。照顾两个孩子平时的饮食起居，对于徐桂容来说是一项沉重的任务。一天下来，一个孩子至少要换十次衣服。两个孩子特别怕冷，冬天特别难熬，天冷的时候，他们要穿四五条裤子，往往里面的一条裤子尿湿了，外面的裤子也都跟着湿了，徐桂容一次要洗四五条。有时，刚刚尿湿的裤子都还没来得及烘干，下一身裤子就又被尿湿了。她家阳台上总是晾满了衣服，她家的洗衣机必须带烘干功能。

母爱如山，徐桂容的坚毅就是这样被磨砺出来的。她没有屈服于命运，她时刻提醒自己，自己绝不能倒下，必须坚强起来才能给孩子带去希望。脑瘫患者的中枢神经系统病变是永久性、不可逆的，脑神经损伤后不可再生，也不能被修复。

第二章　爱是加法，不是减法

医生告诉她，脑瘫是不可能治愈的，只能通过康复训练来略加改善，而越早进行治疗，效果越好。两个儿子都是从1岁开始，徐桂容就带着他们到专门的机构做康复训练。这个身形孱弱的女子，带着儿子，踏上了遥遥无期的康复之路。

康复之路是艰辛而漫长的。从出生时开始，大儿子的双腿肌肉就相当于无法用力的死肉，并且由于平时不能走路，肌肉进一步萎缩。在康复机构，他每天要上4节课。看着6岁儿子只能在地上爬行，每爬一下都十分吃力，汗如雨下，她知道孩子辛苦，但徐桂容只能咬咬牙、狠下心，丝毫不敢懈怠。"我没办法思考舍不舍得他经历这些，光心疼是没有用的。"到了后来，大儿子的肌肉进一步萎缩，只能坐在轮椅上了。而小儿子，也走上了和哥哥一样的路。

长年照顾两个身体和智力都有严重残疾的脑瘫孩子有多艰辛？这种艰辛超出常人的想象，对很多脑瘫孩子的家长来说，这是一种身心的摧残。25年来，徐桂容没有睡过一个好觉。每天晚上，她都是在迷迷糊糊中度过的，有时刚睡着，儿子尿床了，给儿子换好衣服后刚眯一会儿，另外一个孩子发出声音，她就得上前安抚。因为两个孩子肠道功能不好，他们一天要少吃多餐，有时，正在喂大儿子吃饭，小儿子却在旁边闹起来了，还得先安抚小儿子。有时饭还没喂完，就得先为孩子换尿湿的裤子。而这样每天无微不至的照顾，徐桂容已经坚持了25年。长年过度的操劳，让徐桂容比同龄人看起来要苍老许多，今年才49岁的她，两鬓已经有很多白头发了，看着让人心疼。"我也有快支撑不住，要崩溃的时候。那时我就想，我还是两个孩子的依靠呢，如果我倒下了，孩子怎么办？"徐桂容说，她是一名母亲，她没有退路。

25年来，徐桂容没有买过一件新衣服，也没有在外面吃过一顿饭，她家的沙发、家具，甚至孩子们穿的衣服，都是从外面捡回来的。徐桂容说："孩子每次往医院跑一趟，就是几千元，甚至上万元，我没有资格买新衣服。"徐桂容全家的午餐很简单，一碗米饭，一碟咸菜，一碗水煮青菜。而这样没有肉的素食餐，对于徐桂容夫妇来说已经持续了25年。吃上一顿荤菜，对夫妻俩来说都是一件很奢侈的事。

肩上担子再重也要活出精彩，哪怕生活对于徐桂容来说足够艰难，但徐桂容始终微笑面对，对于自己所吃的苦，她并没有抱怨。她说，两个孩子虽然不能像正常孩子一样，但对她来说，他们依旧是两个小天使，是她生命里的一缕阳光。

为母则刚

至于两个孩子的生命还能延续多久，徐桂容不敢想，也不愿意多想。"他们能陪伴我这么多年，已经是奇迹了，我已经很知足了。"徐桂容抚摸着两个孩子的脸蛋说。

徐桂容也呼吁社会能够多给予他们些支持。她鼓励家长要始终坚持与孩子站在一起，积极进行康复训练。只有家长对孩子充满希望，孩子才会对自己的未来持肯定的态度，才能积极地成长。她也希望社会能够对脑瘫患儿多一些包容和理解，多一些关爱和呵护。

"许多脑瘫儿的母亲为了孩子心力交瘁，逐渐失去了自我，但我没有放弃。即使是肩上有着比常人更重的担子，我也要努力活出自己的精彩。"

别人以为的为"为母则刚"，实则是用命在抗。只因有爱，母亲才变得更加强大。做了母亲后，当不开心时，看看自己的孩子，所有烦恼都会消失不见。孩子的出现，让母亲的世界如此凌乱，却也如此美好。女子本弱，为母则刚，即使脆弱，也依然能保护好孩子。母亲陪孩子长大，孩子陪母亲变老。世间万般美好，都不及孩子的可爱模样。

"母亲"的力量表现在生活的点点滴滴，从细微处就能感受到。一个准妈妈，从一个爱撒娇、任性的小公主变成为了孩子而改变自己的母亲，而且她在以后还会为她的孩子默默地付出更多。母亲的坚强可不是能用语言形容的。

母亲如水。冬季的寒冷，无情冻结了她蜿蜒舞动的身姿；暖春的温情渐渐融化了冰封雪僵；夏日的骄阳使她更加清澈奔放；瑟瑟秋风又让她承载着无数落红的悲凉。可无论怎样，即使她被冻成冰，她依然闪耀着晶莹的光芒。这就是水独有的柔善，也是水独有的刚强。

母亲如花。需要阳光的呵护，需要雨露的滋养。阳光雨露的爱，滋润得花儿更鲜艳，滋润得花儿更芬芳。而岁月的无情，使花瓣慢慢凋零，但即使在凋谢的那一刻，她也依然散发着自己的余香，这就是花儿对爱的回报，也是花儿对爱的痴狂！

母亲如水。如水的母亲自然有如水的刚性。她饱经了岁月的沧桑，伤心绝望的泪水反倒会使柔弱女性的内心变得更加刚强。

如花的痴，如水的刚，注定母亲还有另外一个名字——"坚强"。坚强的女性往往备受众人敬仰。但其实，坚强的女性并非不流泪，坚强的女性并非不需要爱的呵护。只不过成为母亲后，她们有了要守护的人，不得不强忍泪水，不得不独立，不得不坚强。

　　坚强的女性并非铁石心肠，只是她们不论身处何种逆境都会时刻告诫自己："要坚强，一定要坚强。"坚强的女性对待名利不计较，不争抢，始终拥有一颗平常之心，胸怀坦荡，又宽又广。坚强的女性做得起美丽的凤凰，也做得起展翅高飞的雄鹰，哪怕断了双翼，冲天的斗志依旧昂扬。坚强的女性就这样在风雨中渐渐地磨炼出自己的意志，让自己有了更加豁达开朗的性格去面对生活中的任何不幸。

　　母亲如花，母亲如水，风雨人生路上，如花如水的母亲还有另外一个名字——"坚强"！

第六节　心有所爱

周芳老师说：
当爱出自本能，它便难以割舍了。
爱在哪里？爱就在你的身边。
爱是什么？爱是奇迹的创造。
心有所爱，心便柔软；
心有所爱，心便坚韧；
心有所爱，心便无私；
心有所爱，心便无界。

电影《你好，李焕英》感动了万千观众。不求回报的母爱，"子欲养而亲不待"的遗憾，击中所有人心底最柔软的部分。电影《又见奈良》同样是关于母爱的题材，与《你好，李焕英》不同的是，这部影片不是女儿去探寻母亲的过去，而是一个母亲去"亲历"女儿的人生，在平和的追索中勾勒出一段澎湃的历史。

《又见奈良》主要围绕着年过七旬的中国奶奶陈惠明远赴日本，寻找失联多年的遗孤养女而展开。

当爱出自本能，它便难以割舍了。

抗日战争期间，大量日本军民被迫来华作战或者屯垦。日本战败后，这些日本军民的后代中有不少人未能正常回到日本，而是留在了中国生活，被不少东北家庭收养。这些人被称为"遗孤"。

第二章 爱是加法，不是减法

　　这个收养行为本身就具有很强的超越性。因为日军侵华，夺去了我们无数同胞的生命，太多的人家破人亡，仇恨是深入骨髓的。当敌人离开，留下了嗷嗷待哺的后代，一些东北家庭却选择抛去仇恨、养育他们。导演在采访中提到，他最初不能理解这些行为，但是他看了一本书印象特别深刻，"一位养母说，全天下婴儿的哭声都是一样的，我们门口有一个婴儿在哭，我作为一个女人不可能不把她抱进屋里来。"养育这些孩子，对于那些女性而言，是母性的本能。

　　正如主演吴彦姝在采访中提到的，这份本能是值得钦佩的大爱，当时大家对日本人多恨啊！但那些人没有记下仇恨，而是选择了生命，中国有很多父亲母亲抚养日本遗孤，这是令人震撼和感动的。

　　跟电影中的陈奶奶一样的父母将孩子养大后，他们又一次超越了养儿防老的传统观念，选择告诉孩子真相，在中日恢复邦交后支持孩子回到日本寻找亲人，这是他们爱孩子的本能。而他们不可能不知道，孩子一走就近乎是永别了。

　　电影中的陈奶奶不懂日语，年事已高，寻亲的希望如大海捞针般渺茫，但她还是义无反顾只身飞到日本，这同样也是出自本能，是属于母亲的本能勇敢。

　　人们常说："女子本弱，为母则刚。"陈奶奶的坚强、勇敢融在她寻亲的每一个细节里。当退休老警察询问陈奶奶与养女是何时分别的时，尽管过去10年之久，陈奶奶还是脱口而出："1994年3月11日上午走的。"她的思念延续了10年。

　　在寻亲过程中，她一步步走进女儿所遭遇过的一切，一个遗孤回到日本的孤独与无措。在女儿曾经打工的餐厅，她知道了女儿因被误会偷东西而离开；她得知女儿因为身份认同问题而饱受折磨，她有很多的心疼，但她还是不得不继续触碰这些伤痛，继续找寻下去。

　　在这段充满失望与悲情的旅途里，陈奶奶却常带着微笑。她去肉店买肉，通过"咩咩咩""哞哞哞""哼哼哼"等学动物叫的方式，成功和说日语的店员沟通，堪称大型口技现场，令人印象深刻。

　　她和帮助她寻找养女的退休警察，坐在公园长椅上交换照片，一模一样的掏眼镜的姿势、一模一样的仔细欣赏的眼光、一模一样的竖起拇指夸奖的姿态，一段无声的交流既温情又可爱。

　　即使面对亲人离散的苦痛，陈奶奶仍心怀着对生活的希望，追逐着生活的小趣味，这是"明知生活真相也热爱生活"的大爱，这份爱感染着身边的人。

为母则刚

养女并没有找到亲生父母,她在日本没有一个身份,幸而一位律师帮助她确认了国籍,她给自己取了一个日文名,选择的是养母陈惠明的"明"字,这个字代表着:在生命艰难走投无路的时刻,养母为她照亮了一条路。这个名字既承载了她的感恩之心,也包含了她对美好和平愿景的希冀。陈奶奶的爱始终投射在她身上,影响着她。

影片最后用了留白的手法,让观众有无尽的想象,一千个读者的眼中有一千个哈姆雷特,或许这就是这部电影的奇妙之处。在寻亲的过程中,陈奶奶或许早已料到这个结果,但她本就不求结果,她的这份爱从不求回报。

你伤心时,是谁给予你安慰;你摔倒时,是谁扶着你站起来;你成才时,是谁衰老了……

有一个人,当你还是婴儿的时候,她抱着你,不管多疲惫,也一直轻吟歌曲让你入睡;有一个人,当你小时候犯错不承认还反驳她的时候,她可能当面说你一两句,但在背后悄悄流泪;有一个人,当你读书的时候,她每天早早起床给你做早餐,然后唠唠叨叨地喊你起床;有一个人,当你找到梦想离她而去的时候,她嘴上说"不要回来""不想你",其实都是口是心非;有一个人,当你犯了错误的时候,她永远不会抛弃你,你永远是她的心头肉;有一个人,当你真正长大的时候,她只会默默微笑,然后默默离开……这个人,就是母亲,生你养你爱你的母亲!从你来到这个世界,你就是她的所有。

岁月在母亲身上留下了痕迹,母亲没有了以前的苗条身材,一点点的白发在母亲乌黑的长发里放肆起来,母亲的脸上分明多了几道皱纹,母亲的手也变得粗糙了,可孩子什么时候认真地看过,什么时候用心地为母亲做过什么?

有一个人,用一生爱你,给予你一切,却从来不要回报……这个人叫作母亲,这种爱叫作母爱。

母爱是一生相伴的盈盈笑语,母爱是漂泊天涯时的缕缕思念,母爱是儿女病榻前的关切焦灼,母爱是对儿女成才的殷殷期盼,而我们往往拒之于千里之外,独断地在母亲和我们之间安装上一扇窗。

不知从何时起,我觉得母亲絮叨,不认为那就是爱;不知从何时起,我想像小鸟一样挣脱母亲的保护,独自去天空翱翔。然而,如果没有母爱的呵护,我甚至不可能长大。

我依稀记得,在我上小学时,每天母亲都会接送我上下学;渐渐地,我长大了，觉得让母亲接送很没面子，同学都笑话我是长不大的小孩子，说我应该上学前班。

一天放学后，母亲依然站在大门口，迎着阳光母亲笑靥如花，但是这在我看来是那么刺眼。一大群人围着我说：长不大的孩子呦，每天都让妈妈接送……于是，我便对母亲咆哮："都怪你，每天都来学校，你是没有事情做，闲的吗？人家都说我是长不大的孩子，我烦死你了！"

母亲低下了头，默默地立在阳光下，就那么站着、站着……母亲的眼睛里有什么东西一闪一闪的，我的目光没有做过多的停留，我独自跑回了家。

从那以后，在我上学的路上，不再有母亲相送，我孤身一人走在那条小路上。但每天放学，母亲都会在家门口等我。有一天，我到同学家去请教几个问题，回家晚了，却忘了告诉母亲。当我回来时，母亲的身影依然矗立在我家的大门口。伴着那暮色，远远看见那熟悉的身影，忽然间我发现有她在，我是那么心安，母亲的相伴是默默无语的，却让我不知不觉地依恋，母亲对我的陪伴早已成为习惯。

当我走到母亲的跟前时，她一脸焦急地对我说："孩子，你知道妈妈有多担心吗？"我哭着扑到了她的怀里，想说些什么却什么也说不出来。我知道我错了，我把母亲那细腻的关爱当成了一种负担，却不知正是这种爱伴着我成长，它无处不在，让我感觉甜甜的，暖暖的。

母爱就是这样，充盈着你生活中的每一分、每一秒，伴随于你生命中的每一处，你会发现原来它是那么美。

超越国界，历经困难，走过孩子曾经走过的路，拍着跟孩子一样的照片，永不消逝的是深藏于心底的爱与思念，不会改变的是那颗想要靠近孩子的心。

第七节　秩序感和规则感的培养

周芳老师说：

输入决定输出。

孩子到来时犹如一张白纸，对孩子的塑造，爸爸妈妈掌握了绝对的主动权。育儿是一门大学问，在开始育儿之前，爸爸妈妈就要想清楚，想培养出怎样的孩子，是否想养育出一个正直的、有规则意识的、有秩序感的、能够与他人和谐相处的优秀的孩子。如果想培养出这样一个孩子的话，那么从孩子出生的那一刻起，就要慎重地拿起画笔，在孩子这张白纸上，谨慎地画下每一笔成长的痕迹。

父母画什么，孩子就是什么样的，这就是输入决定输出。所以，在输入之前，请想清楚，不可任意为之。

有越来越多的爸爸妈妈意识到培养孩子规则感的重要性，因为这不仅能够帮助孩子养成良好的习惯，还能帮助他们树立自信心。幼儿阶段作为人一生中的启蒙时期，其独特性在于对幼儿个性、社会性发展的重要意义。孩子在成长的过程中，有探索、发现、模仿、学习的本能，父母对孩子本能的耐心引导会使孩子逐渐形成自己的认知和品质，促使孩子及早地建立正确的规则与秩序意识。

两岁起，孩子就会经历规则关键期。如何引导孩子在合适的时机建立正确的行为规范，如何培育孩子拥有高情商和高智商，是需要家庭和学校共同面对的教育问题。规则感和秩序感是很重要的品质，在一个成熟而优秀的人身上，能更多地看到这些品质，我们也能体会到规则和秩序在家庭、工作、社会中的重要性。这些品质不仅是习惯性行为，更是孩子未来立足社会、实现理想的强大内驱力。一个没有规则感和秩序感的孩子，往往找不到自己在生活和社会中的位置，内心会感到迷惘而不具备前行和创造的动力，便会轻易沉溺于轻浮的物质生活中。

在优越的生活条件下，父母往往会忽视孩子这些品质的培养。特别是独生子女家庭，父母往往尽其所能地对孩子的一切大包大揽，父母的"心甘情愿"便会让孩子形成"理所应当"的"自我意识"，孩子不理解父母、缺乏感恩心和规则意识便不足为奇了。

0~3岁是孩子品格养成的关键时期。在家庭教育中，引导孩子建立起规则和秩序意识，使孩子更具"社会属性"，对孩子的成长来说十分重要。那么如何培养孩子的这些品质呢？下面介绍的几种方法，作为父母有必要了解。

榜样示范。榜样的力量是无穷的，特别是父母的言传身教，在孩子的各个成长阶段起着潜移默化的作用。孩子对父母的言行是有样学样的，长期的耳濡目染对孩子的言行规范都有一定的引导作用。例如，在排队的过程中不插队，等公交车时先下后上，过马路时遵循指示灯提示等，都离不开父母的"以身示范"。

角色扮演。儿童时期，特别是在2~6岁阶段，孩子的知识和言行举止规范主要从生活和游戏中获取。父母通过游戏让孩子了解和明白社会生活中的规则，识别行为的对错，这是教导孩子的一条行而有效的"捷径"。例如，在游戏中告知孩子"宝贝，你的卡车闯红灯了""把座位让给更需要帮助的人"会让孩子更为直观地认识到自己的角色和角色应该遵守的规则。

结交朋友。现在的家庭以独生子女家庭居多。在家里孩子都是"小皇帝""小公主"，凡事都以孩子为中心，什么事都让着孩子，这对孩子良好性格的养成是极为不利的。父母应该让孩子多接触社会，走出去多结交不同年龄段的朋友，让孩子在与朋友的接触中学会待人处事、理解社会生活规范，这对孩子规则和秩序意识的养成有积极的作用。

培养孩子的规则感和秩序感宜尽早且应有始有终。良好的规则感和秩序感不仅可以保护孩子的身心健康，更会让孩子在家庭和学校的生活中大放异彩，并能为他们步入社会做好充足的准备。

培养孩子的规则感和秩序感要从最细微处着手。俗语说"细节决定成败。"规则感和秩序感的培养落到细微处，指的就是通过生活中的点滴小事来培养。

就拿托班的孩子来说，在他们还不太会照顾自己的时候，就可以开始进行规则感和秩序感的培养了。比如，午睡时，家长帮孩子脱下衣服，告诉孩子，脱下的衣服叠好放在脚边，鞋子并拢摆在床脚处。孩子便知道，鞋子和衣服不能乱放，而是有固定位置的。小班了，孩子渐渐学会了穿脱衣裤，这时，孩子不仅要能将鞋子、衣服放在指定位置上，还要知道，午睡和起床时先脱（穿）什么，再脱（穿）什么最方便，比如，先坐在床上脱鞋，再脱裤子，这也是一种"序"。等到了中大班，孩子穿脱衣服已经比较灵活了，可继续增添要求，比如，走入或走出寝室第一件事该做什么，然后做什么，最后做什么，经过一段时间的梳理，孩子就会形成关于"入睡"和"起床"的这种"序"。

其实在生活的其他方面，无不渗透着"秩序"的因素。比如，饭前洗手的几个步骤，拧开水龙头、冲水、擦肥皂、冲净、擦手等是一个"序"；锻炼后，如厕、洗手、喝水等是一个"序"。

培养规则感和秩序感要赋予孩子知情权。为孩子制定有规律的生活时间表对培养孩子的规则感和秩序感是大有益处的。但生活总会有变化，规律也不是铁打不动的。打破旧的秩序再重新建立一个新的生活秩序是经常发生的事。遇到这种情况时，可提前几天告诉孩子原因以及新的计划。就算是突发性的改变，也要告知孩子临时的方案。朝令夕改，遇事三变，会令孩子茫然不知所措。只有让孩子做到心中有数，让他们有心理准备，他们的情绪才不易受到影响。

让孩子有知情权，是帮助他们建立新秩序的关键。

培养孩子的秩序感，要求妈妈预先做到心中有数。

这是培养孩子秩序感的前提。家长在交代孩子做事时，要做到心中有数，即细化要求，分步骤进行。比如，让孩子把图书收拾一下，不仅是交代"你去把图书理齐"就行了，首先要细化，"小书归小书，大书归大书"；其次要给孩子一个操作步骤，比如，"先把图书都拿出来，然后小书和小书归在一起，大书和大书归在一起，最后将书排列整齐。又比如，进餐后要求孩子做3件事：漱口、放碗、擦嘴。但这只是交代了一个步骤，具体怎么做还要细化，比如，漱口——接小半碗水，喝一口，在嘴里漱漱，吐掉；再喝一口，在嘴里漱漱，再吐掉；漱3~4次就可以了。

虽然这些细化的要求显得很琐碎，但在孩子建立秩序感的初期是十分必要的。一旦秩序的"网络"内化在孩子心里，孩子的学习与生活就会变得井井有条。

让"秩序"从孩子中来。每个个体都有自己的生长和发展规律,每个个体也都有自己内在的秩序感。过多的要求和干涉都会影响孩子自身秩序感的生发。因此,培养孩子的秩序感时不能只是成人教孩子做,还要通过和孩子的谈心、讨论,循循善诱,引导孩子建立自己认可的秩序。孩子经过思考后,知道了按一定的次序做事情,既节约时间又方便。由于这个秩序是孩子自己认可的规则,在执行这个要求时,孩子就会比较顺从。这是一个让孩子知道怎么做,为什么这样做,以及下次再遇到这些事情时该如何做的过程,也就是让孩子"知其然,又知其所以然"。讨论后再帮孩子提炼要求虽然麻烦,没有家长直接要求那样来得快,但这为孩子提供了一条思路,以后做事时,孩子还会沿着这条思路去考虑。母亲所授的不应该只是"鱼",更应该是"渔"。"渔"即是一种方法,做事的方法、思考的方法。

培养孩子的秩序感,要求母亲有耐心。

"播种一个行为,收获一种习惯;播种一个习惯,收获一种性格;播种一种性格,收获一种命运。"这是人们耳熟能详的。但从一个行为到一种习惯,是个漫长的过程。孩子一次把东西放回原位很容易,但要孩子每次都把玩具归放得整整齐齐、做事细心周到则比较困难了。有的研究说"一个习惯的养成至少需要21天",但在实践中,习惯的养成远远不止这个时间,"21天"后反复的可能性很大。如果不经常提醒,孩子很容易回到以前的"老习惯"上去。培养孩子做事有条理这个习惯,过程中需要母亲有极大的耐心。

母亲要不断地提醒、督促,不时地表扬、鼓励,必要时还需要批评、制止。最重要的是,母亲要把心中那个不变不动的原则用一种温柔不严厉的语言表达出来,让孩子感到它是不能逾越的,再用持久而有韧性的行动修正孩子的毛糙和冲动,重复,一次次重复,富有艺术性地重复,一点点地打磨出有秩序感的孩子。

其实,"秩序感"从其他角度来讲,既是一种自我管理和控制的能力,也是一种处理事情的思路,更是一种规则意识的养成,还是一种人和事物关系的建立。

人格是一个整体,各种品质间既相互交叉、互相制约又共同成长。培养幼儿的一种品质时,实际上已经和其他方面融通起来了。抓好一点,不断地细化深入,由点及面,一个健康、有秩序的孩子就培养出来了。

孩子需要一个有秩序的环境来帮助他认识事物、熟悉环境。秩序感的变化会引起情绪的波动，有秩序的环境会使孩子的情绪稳定。

孩子的秩序感是天生的，3岁前的孩子有着强烈的安全需要，当被置于杂乱无章、陌生的环境中时，孩子会哭闹。并且，当孩子的生活规律被打乱时也很容易引起他们身体的不良反应。

给孩子创造一个井然有序的生活环境。

井然有序的生活环境是培养他们秩序感的前提。井然有序的生活环境包括：其一，规律的作息。日常生活中，妈妈要为孩子安排一个科学合理且相对固定的作息时间，并督促孩子遵照执行，这样不仅有利于孩子的健康成长，还能为他们时间观念的形成和秩序习惯的培养奠定良好的基础。其二，和睦的家庭氛围。只有家庭成员之间和睦、相互关爱、长幼有序，才能促使孩子形成一种良好的心态。

从小事入手培养孩子的秩序感。

妈妈需要注重日常生活中的细节，从小事入手培养孩子的秩序感。例如，整洁有序的家庭环境。家里的各种物品要摆放整齐，使用完毕后要物归原处。妈妈还要耐心培养孩子维持秩序的技能，鼓励孩子自己动手收拾玩具、图书，即使孩子表现得笨手笨脚、越帮越忙，也不要斥责孩子，而要耐心指导，不断表扬。

孩子由于经验不足可能做得不恰当，爸爸妈妈可示范其中的关键环节，以便孩子模仿，其他环节则启发孩子自己动脑，他想得慢也不要着急，做得不对也没有关系。留出一定的时间让他动动脑筋，大胆尝试一下，孩子的能力就会渐渐提高。例如叠衣服，妈妈可叠几次给孩子看，然后先叠一半让孩子完成另一半。

在孩子形成秩序感的第一时间培养他的规则意识。

秩序感一旦形成，就会让人产生身心愉悦的美感。爸爸妈妈要在孩子形成秩序感的第一时间培养他一系列良好的行为习惯，帮助孩子形成良好的自我形象。例如，进门就换拖鞋，上床上沙发要脱鞋，吃饭要端坐在自己的位子上不摇不晃，每个玩具放在固定的位置上，垃圾放在垃圾箱里……第一时间的教育可能一两句话就会奏效，否则孩子就会习惯杂乱无章的"秩序"，到那时费很大的力气也未必有好的教育效果。

重视公共场所秩序感的培养。

每个公共场所都有它相应的规章制度，要求大家自觉遵守，例如乘坐公交车，要先下后上、文明礼让；游览公园，不要攀折花木、践踏草坪；观看电影，不可乱扔果核、大声喧哗等。每到一处，爸爸妈妈在以身作则的同时，还要向孩子讲解相关的规定，让他们懂得社会生活中存在着种种的秩序规则，遵守是光荣的，违反则是不道德的。

最后，稳定的生活秩序也是孩子安全感的重要来源。孩子1岁以后会对秩序产生一种近乎刻板、顽固的要求，玩具、图书换了地方，自己的座位上坐着人，两块积木没有摆放整齐……他们都会大哭大叫。妈妈不要一味地批评孩子，要知道这是正常的心理表现，因为孩子认为生活是有序的，而这种秩序是恒定的、不容改变的。这是孩子秩序感及规则感形成的重要阶段，妈妈要理解并尽量满足孩子这一时期对事物固定秩序的特殊要求。当孩子因为某种"秩序"被打破而哭闹时，妈妈要尽量安慰，并协助孩子找出解决问题的办法，平复孩子的不安情绪。

必须告诉爸爸妈妈的是，培养孩子的秩序感，最需要的是在预备好环境后，等待孩子心中的秩序感自然地萌芽，而不是过多地介入。儿童教育学家蒙台梭利就有句名言"Follow the child（跟随孩子）"。在孩子成长的过程中，爸爸妈妈准备好沃土，只需在旁欣赏孩子、观察孩子，适时地拔除杂草、浇水，孩子会快乐且独立地长大。

第八节　先天母性的延续

周芳老师说：

母性是每一个即将成为妈妈的女孩的本能，这本能异常强大，但是，也并不意味着有了先天母性的延续，就可以成为一位好妈妈。从来没有人认认真真地去教过一个女孩如何成为一位优秀的母亲，所以每一位女孩从准备要孩子的那一刻起，就应该积极主动地探索，或者寻求周边孕妇学校的帮助。主动地学习，从先天母性的延续，到后天自身的努力，成为一位真正优秀的女孩和妈妈。

母性是一种动物本能。当妈后才发现，那些突然而来的勇气和坚强，都不是锻炼出来的，而是突然获得的技能。母爱接近动物性，这不是人性的一种。人性，是有思考，有感知，通过衡量后的一种东西。动物性，是天赋，是经过长久的进化过程后写在基因里的。人类之所以能够繁衍生息，靠的就是大部分母亲的这种本能。人性，是趋利避害的，但动物性中的母性不是，母性会使母亲忘了自己，全身心地奉献，并且不觉得委屈。

从怀孕开始，母体就在贡献自己，用血液去为胎儿提供营养。等到母亲和孩子的那种天然连接产生后，母亲会像所有的母兽那样保护孩子。当然，总是有一些母亲建立不起这种天然连接，有的是因为心理疾病，有的是因为她自己本身没有得到过足够的爱意和保护。但这种本能真的深深植入在每个女性的体内，只待唤醒而已。尤其是人过中年后，对于生命的理解也会不同。所以 30 岁以后生孩子的女人，会更加负责任，对孩子也更加爱护。岁数小的女人，自己心理上还是小孩，唤醒母性应该也有困难吧。但不管怎样，每个小孩都要相信，自己的妈妈真的非常爱自己，用本能在爱着自己。母爱的力量是无比强大的。

母性是女人的天生本性，随着年龄的增长，这种母性会越来越"泛滥"。表现出来就是"照顾"和"无微不至的照顾"。母爱是一种伟大的温暖，母爱是先天的，有生物学基础的，所以，激发母爱必有生物学刺激。胎儿离开子宫，经过产道出生，母爱顿时涌现，一生绵绵不断。没有人一开始就知道怎么当妈妈，就像没有人产后立刻就有源源不断的母乳。当母亲是需要时间练习的，母乳也是需要时间酝酿的。在这里，想给每个在凌晨挑灯喂奶或挤奶的母亲说声辛苦了！原以为生产完便可结束孕期的各种不适，没想到却是另一个篇章的开始。

身体因孕育生命而发生了巨大变化，身材也不复以往；无数个睡眠不足的黑夜与体力不支的白昼；原以为母乳喂养容易，却经历了无奶的恐惧，下奶的高压期，反复遭遇涨奶与堵奶的疼痛，和忍受乳头被咬缺一块肉，仍要咬紧牙关接着母乳喂养的挣扎。

频繁的讨抱与讨奶，使质疑的声音不断在耳边响起，也让自己开始怀疑是否奶水不足，心一狠干脆全天候待命挂奶伺候，孩子却一样莫名哭闹不停，哄睡到天亮更是常有的事；孩子意外生病时深深地自责；也曾因不堪疲累对孩子大吼，事后内疚不已并怀疑自己的育儿能力；一个人照顾孩子时被绑住的不自由感；永远无法好好地放松吃饭、洗澡、放空；还有被中断的职业生涯追求，并进入了经济收入的不稳定期；对于二度重返职场的不确定性与自卑感如影随形；还有好多好多全职妈妈不足为外人道的苦衷，身体的疲劳与精神的耗损，无助的心，林林总总加起来，逐渐质疑自己能当好一位母亲吗？

《没关系，是爱情啊》这部以精神科医学为题材的韩剧，除了描绘都市男女间的爱情，更进一步探讨精神医学，讲述了现代人在不知不觉中带着心病生活的人生和故事。剧中的一句台词令笔者记忆深刻：世上最暴力的语言就是要像个男人、像个女人、像个妈妈、像个医生、像个学生的这些话。

许多人是第一次当母亲，因此有点失误、崩溃、挫折都是没有关系的，也是正常的。孩子的一颦一笑，是给予母亲最好的回报，也是母亲的力量来源。每位母亲必须相信自己，在不断试错与修正的过程中，勇敢地将所遭遇的问题、困难，一一克服与解决。在学习怎么当妈妈的过程中，每位女性都已将所有考验化为丰满的羽翼，并成长为更好的自己。而且，母亲习惯性地忘却辛劳，只愿记得美好的。

我的朋友因为工作需要很早出门，她出门时孩子还没有醒。最近一周，她陪伴孩子的时间减少了，孩子主要是姥姥在陪。她自己做了短期取舍，最近投入多一些心力在工作上。只是，身为母亲，心中对孩子的眷恋，依旧像春天的繁花，一股一股不可遏制地涌出来。一边化妆，一边不由自主地停下来，走去隔壁房间，站在床边，痴痴地看着孩子。孩子的小身体趴在棉被里，只露出一颗小脑袋。一夜安睡，她黑缎子一般直顺的头发，拱得乱七八糟，更衬得小脸只有一点点。伸出被子外的小手，松松握拳，手背上的小窝窝十分可爱。鼻息均匀，身体微微起伏。

我的朋友成为母亲之后身上的母性是多么的强烈，想要去爱、去保护、去陪伴孩子的意愿发自灵魂的深处。因为有这份母性在，她也越来越坚强，不需要时时刻刻和孩子黏在一起才觉得自己是好母亲。不在孩子身边的时候，她的母性依旧存在。

做女性能量疗愈多年，我见过许多形形色色的女性成为母亲后的样子，也理解她们在做母亲时的一些困惑，诸如，对孩子冷漠疏离；不喜欢孩子靠自己太近，不喜欢孩子太黏自己；无法忍受孩子哭闹，不接受孩子不优秀；不受控制地打骂孩子……

有时候出门在外会看见一些对孩子大吼大叫的妈妈，我想那些母亲不快乐、不温柔的背后其实有很多的伤痛。现在，快节奏的都市生活带给成年人焦虑；孩子的课业压力给母亲造成的养育压力；从原生家庭那里继承来的母性滋养也十分有限，让许多身为母亲的人，无法十分舒畅地先给出孩子母性的爱，再给那些功能性的教养。

我们太看重那些能够让孩子赢在起跑线、上重点学校乃至成名成家的母亲的"功能性"职责，却忘了，能让孩子随心所欲活得精彩也是成功养育，最重要的永远是爱。

我想，现在所有的母亲，都需要知道身体接触和语言互动的重要性。孩子的天性中隐藏着对身体接触和语言互动的渴望，照顾孩子的大人，尤其是母亲、奶奶、外婆甚至是保姆需要和孩子有身体接触和语言互动。孩子需要充满爱的互动，尤其是拥抱、抚摸、亲吻、凝视、咿咿呀呀地对话，这是可以为孩子"刻意营造"的。

第二章 爱是加法，不是减法

这些需求得到满足的孩子，内心的安全感就会建立得很好。比起教给孩子一些概念和技能，这种内心安全感和依恋关系的建立，才是孩子三岁前最需要的内心养料。如果错过了前三年，你也不必气馁，去爱孩子的最好时间就是现在。

母性的真情流露，其实，小孩最容易感受到，不需要阅历和理性就能读懂。这种身体和语言的爱，甚至到你的孩子很大的时候，也一样受用。

在一个到处都在提倡"功能性"养育的时代，似乎非要把孩子养成所谓的人才，才能证明母亲尽职尽责了。我希望你我拥有不被"催眠"的清醒。如果每一位母亲都能拥有自己的坚强意志，让"母性"走在"教育"之前，用爱去填满孩子的身心，让他能自由生长，或许，孩子会因为童年感受到的充沛饱满的母爱，自然而然成长为枝繁叶茂的大树。

母性之下蕴藏着无条件的爱，是孩子一生受用的安全感来源。这份安全感，将如同春风，送孩子远航。

8岁的克里斯托弗静静地坐在自己的小轮椅上，苦苦等待着肺部移植配型成功的消息，这样他才能接受人生的第14次手术，以延续自己微弱的生命。他早已接受了自己的命运，早在3年前，克里斯托弗便开始接受临终关怀服务，以缓解严重的疼痛。他早已对长期插入鼻腔的吸氧管感到麻木，他也早已习惯了医院清冷的色调和消毒水的气味。由于无法进食，他被连接了鼻胃管。长期的静脉注射和各种各样的插管已经导致他先后4次出现严重的血液感染。

实际上，在来到这个世界的第11天，克里斯托弗便开始接受各种各样的医学检查和治疗。在接受320多次的门诊评估之后，医生认为这个年幼的孩子可能患有严重的牛奶过敏、肺衰竭、动静脉血管畸形和晚期癌症。

为了让这个孩子活下来，他的母亲凯琳·鲍温日夜照护他已经整整8年。5年前，她与冷漠的丈夫离婚，由于完全没有时间工作，她只能在众筹网站为自己的儿子募集治疗资金。得克萨斯州的民众注意到了克里斯托弗的病情，人们自发为他捐款，举办公益活动，以进一步支持这个艰难的家庭。很快，一些著名的基金会开始关注克里斯托弗和他坚强的母亲，并向他们伸出了援手。

无影无踪的父亲、卧床不起的孩童和伤心欲绝的母亲，这个脆弱的家庭牵动着达拉斯民众的心。在这个悲伤的故事里面，我们看到了埋藏在人类灵魂深处的力量——母性。

为这个艰难的家庭奔走呼号的民众，都有着同样的想法：可怜的克里斯托弗是不幸的，但他也是幸福的，因为他拥有着至深的母爱；可怜的凯琳是不幸的，但她是伟大的，因为她展现了至深的母爱。

作为一个母亲，如果每天抱怨，对社会、对生活、对现状极为不满，对周围的朋友都是负面评价，即使对家人也不会有正面评价，这时候她的思想和身体是病态的，会对家庭和周围人带来负面影响，所以母亲的负面的力量也非常可怕，要尽量避免。

母性的力量需要发挥出来，对朋友、家人应该像母亲对孩子一样，来呵护，带给他们正面的思想和影响力，带给他们正能量，让那些内心胆怯、懦弱恐惧的人产生正能量，让他们勇于面对自己、面对社会、面对工作和未来。

要想用好母性的力量，需要时刻观察自己的行为、语言，观察自己的情绪，观察自己的内心世界。

作为领导一个家庭的母亲，既是家庭的，也是国家的，每一位母亲的言行都直接影响这个国家国民的素质和品质。一个母亲的坚定可以形塑孩子的坚定，一个母亲的迷惘可以导致孩子的迷惘。

所以在母性的力量当中，首先要增强正面的力量、正面的影响力，像母亲一样爱自己亲近的人。没有一个人会拒绝你爱他，没有一个人会拒绝你给他温暖。但这个温暖不是体温，是发自内心的关爱，发自内心的问候，发自内心的语言的支持和不论大小的事务上的帮助，这是母性的力量该具备的。

我们要发挥母亲的力量、母性的力量，让更多的人感觉到被关爱、支持。在我们有困难的时候得到母亲般的支持和鼓励是特别重要的。

第九节　母爱的规划

周芳老师说:

当我们即将成为或者已经为人父母时,要时刻提醒自己,人生是规划出来的,对孩子的规划,取决于父母的格局,对孩子规划的执行,取决于父母的态度。

母亲怀胎孕育了生命,母亲同样是孩子精神生命的缔造者。可以说,母亲的格局有多大,孩子的世界就有多大。中国的老话常说,一个女人决定着一个家族的三代人。母亲高格局地规划孩子的人生,孩子可以少走弯路。

如果你家已有儿女,你替你的孩子做了什么样的人生规划呢?如果你还没有儿女,你准备给你未来的孩子做什么样的规划呢?

朋友郑新是一家上市公司的 CEO,是常春藤名校毕业生,她对女儿悦悦的要求既严且高。

在悦悦很小的时候,有一次在外面给悦悦举办生日派对。有一位妈妈把孩子放下自己走了,让孩子参加生日派对,说是等结束时来接孩子,于是这个小朋友便变成暂时的自由人。小朋友把没吃完的生日蛋糕连盘子和喝完的果汁纸盒一起扔在地上,把地上搞得一塌糊涂,但是他不承认是自己做的。

3岁的悦悦严肃地对她的好朋友说:"你不可以撒谎!更不可以把垃圾扔在地上,你需要捡起来扔到垃圾桶里去。"旁边的大人见悦悦这么说都想帮这个小朋友去收拾地上的蛋糕、盘子和果汁盒。但是悦悦坚持让这个小朋友自己收拾。她说爸爸说过:"自己做错的事情要自己承担,把蛋糕扔在地上是浪费蛋糕,又搞脏了这个地方,是不对的,垃圾应该分类放进垃圾桶里。"一下子,搞得家长都去围着郑新问:"怎么3岁生日前就已经教会了悦悦垃圾回收,树立了环保意识,这也太前卫了吧。难道将来打算把孩子送去联合国工作?"

郑新还有更前卫的育儿心经。她每个月给孩子200美元交际费,需要孩子把这个钱花在和朋友的交际上,而且月底的时候孩子要跟爸爸汇报这个钱是怎么分配的,对友谊的增进有什么作用,具体友谊增进到什么程度了。我的女儿和悦悦是同班同学,所以常常受到邀请,她们一起看电影、溜冰、划船。我女儿常常会问我,她是否应该和悦悦做一辈子的好朋友。看得出来,郑新是在教导女儿从小培养社交技能。悦悦小小年纪,就已决定长大后要当澳大利亚总理,为人民服务。

这样格局的家长,培养出这么有雄心的孩子,一点儿也不奇怪。因为对郑新的观点比较赞同,我很支持女儿和悦悦做朋友。

对孩子的规划可以体现父母的格局。格局大的父母肯定不会只要求孩子考高分。光是考高分,不能说明这个孩子是个有前途、对社会有用的人。很多博士生犯罪时丧心病狂,让社会大跌眼镜。怎么受了高等教育,却成了这样的人,到底什么地方出错了?格局大的家长,给孩子规划未来,从品德、思想、同学关系、技能着手。格局小的父母,要么只看考试分数,要么靠投机取巧获胜,或者给孩子灌输金钱至上、精致利己的理念,至于人格道德,全部不屑一顾。

对孩子的教育规划,应该从三大方面着手。

孩子与天地、世界的关系的教育规划。也即从小规范孩子的精神、品德、思想。当一个孩子从小被教导尊重世界、尊重人性时,他不会为了功名利禄而忽视甚至伤害所处的世界,他会保护所处的世界,并高标准要求自己成为他人的榜样。

孩子与他自己的关系的教育规划。孩子应该怎么面对自己?如果是暴戾的性格,要朝温柔方向引导;如果孩子是懦弱的,要朝刚强锻炼。教育孩子提高学习能力。这样的孩子才会把自己的潜力挖掘出来。因为随着时代的前进,科技在进步,每一代人都有自己的得天独厚的优势和资源,唯有懂得挖掘自身潜力的人才能走在这个时代的前端,做时代的弄潮儿。光是依靠父母的孩子,是不可能活出自己的精彩的。

第二章 爱是加法，不是减法

孩子与他人关系的教育规则。即引导孩子怎么交朋友，怎么和同学相处。能正确处理与他人的关系的孩子，才可以依自己独立的人格生存，不会一味地听从父母或者被社会趋向左右，不是唯唯诺诺、人云亦云的跟风者。当他人有难的时候，会出手相助。但是，面对危险和小人时也会设好边界，不被伤害。

唯有三方面都规划好的教育，才能体现出父母的高格局。如果你家已有儿女，你替你的孩子做了什么样的人生规划呢？如果你还没有儿女，你准备给你未来的孩子做什么样格局的规划呢？

前几天读李开复写的《母亲的十件礼物｜悼文》，感触良多。1961年出生的李开复，曾就读于卡内基梅隆大学，在计算机科学获得博士学位，后来又担任了副教授。他是一位信息产业的经理人、创业者和电脑科学的研究者，曾在苹果、SGI、微软和Google（谷歌）等多家IT公司担任要职。2009年9月李开复从谷歌离职后创办了创新工场，并出任董事长兼首席执行官。有这样的履历和知名度，他绝对算是成功人士。可李开复说："多亏了母亲的勇气和开明，我在年少时，就获得了打开世界之门的钥匙。"李开复的母亲，既有中国式的高期望，又有美国式的自由放权。5岁的时候，李开复嚷着要读小学，大多数父母可能无视孩子胡闹，但李开复的母亲让他自己选择，通过私立小学入学考试，证明自己有能力，就可以读小学。

李开复回忆说，当母亲看到自己的名字在第一名的位置时，从母亲的表情中才知道，自己一丁点的小成功可以让母亲那么的骄傲。同时，这件事也让他懂得，"只要大胆尝试，积极进取，就有机会得到我期望中的成功。感谢母亲给了我机会，去实现我人生中的第一次尝试和跨越。"

"在中国，父母对孩子的关爱特别深，生怕孩子受一点伤害，不愿让孩子冒险尝试与众不同的东西。其实孩子从小就需要独立性、责任心、选择能力和判断力。很庆幸的是，在我5岁的时候，我父母就把选择权交给了我，让我成为自己的主人。"李开复如是说。

李开复10岁时，远在美国的大哥回家探亲。吃饭时，大哥跟母亲抱怨台湾的教育太严了，小孩子们的灵气越来越少。母亲叹了口气，说："唉，为了高考，我们有什么办法呢？"看到李开复整天被试卷和成绩单包围着，没有时间出去玩，也没有朋友，大哥忍不住说："这样下去，考上大学身体都坏了。不如跟我到美国去吧。"

  李开复的母亲从没去过美国，她接受的是中国最传统的教育，但听了长子的建议，她下定决心，忍着不舍和心疼，把她最喜欢的小儿子送去了甚是遥远的美国。李开复在母亲的悼文中写道："这十件礼物，塑造了我的性格，建立了我的自信，奠定了我的基础，教导了我如何做人，如何教育孩子。"

  俗话说，父母之爱子，则为之计谋深远。

第十节　生而无畏

周芳老师说：

生孩子是大部分女人都会经历的事。我认为这是一次人生的洗礼，是女孩成长为女人的机会。这个过程中女孩会认识到自己肩上的责任，虽然这个过程是痛苦的。

女孩在生完孩子之后就会变成女人，仿佛经历过重生，胆子会变大，之前很多情况下会害羞，会害怕，之后都不会了，因为这时的她身上有责任，仿佛变身成为一个保护自己宝宝的女战士。

母亲是世界上最神圣的"职业"，每一位母亲都渴望能生出健康可爱的宝宝，当孩子出生的那一刻，激动之情溢于言表。也只有为人母，才知道当妈不容易，孩子哭闹得想办法哄，孩子不睡也得熬着，但这一切是心甘情愿的。为了孩子，哪怕再艰难的事情，也会尽自己最大的努力。生娃之前，是个柔柔弱弱的女孩，有了孩子后，为了娃就没什么是不敢做的。

为了宝宝不被叮咬，"恐高"宝妈跨在窗户上，去消灭蚊子。闺蜜彤彤今年25岁，孩子已经3个月大了。夏天蚊子多，尤其是晚上睡觉的时候。大人还好，可孩子本就细皮嫩肉的，还什么都不懂，小脸上一个个红包，难受得咿咿呀呀还挠不到，让彤彤看着很是心疼。

孩子小，她不敢用灭蚊剂和蚊香之类的东西，怕对孩子的身体有影响，于是彤彤就成了一个"人体灭蚊器"。这天夜里，她突然看见靠近窗户的屋顶上有只蚊子，但由于是个角落摆不下凳子，拿着苍蝇拍又够不到，彤彤只好站上窗台，偏偏她还恐高。

恐高的人都知道，从23楼往下望是什么感觉，彤彤看了一眼顿时就觉得眩晕，可看着宝宝，一时半会儿也想不到更好的办法，就硬着头皮，跨着窗户增加高度，去打那只蚊子。蚊子是被打死了，彤彤却不知道怎么下去，她手扶着玻璃试了几次才终于下来了，满脸通红地吐了一口气，感觉像是完成了艰巨而又重大的任务一样。

这样的事情，没宝宝前都是老公去做，没想到如今为了宝宝自己迎难而上，克服困难，就连她自己都觉得不可思议。她也是有了孩子才明白，一个母亲，有了孩子后，真的就有了使不完的劲，为了孩子可以倾尽全力。

"这还是我当初娶的人吗？"不少男人都会诧异于老婆生娃前后的变化。女人在有了孩子后，胆子会变大，脸皮会变厚，以前不敢做的事情会变得毫不畏惧。

女人在没生孩子之前，是被家人和老公宠着的公主，但生过孩子后就有了需要保护、宠爱的人。曾经的她碰到狗，会想着躲到老公背后，如今却是勇敢地挡在孩子的前面，即便自己也在发抖。

生过孩子后，一个母亲要整理家务，会因工作烦恼，尤其还要照顾离不开人的孩子，给孩子喂奶，袒胸露怀已经习以为常。平日里劳累，疏于保养自己，不再那么注重形象了，遇到熟人顶着油头，穿着邋遢，没有了少女时的光鲜亮丽。

平日里文静的姑娘，带孩子后会变得"疯疯癫癫"，会跟孩子用常人难以理解的语言沟通，给孩子更多的安全感。

家庭需要夫妇二人共同成长共同维护。虽说母亲照顾孩子天经地义，但是也需要丈夫的理解和帮助，需要丈夫协助妻子共同陪伴孩子一起成长。有爸爸的陪伴，孩子长大了会更有责任心，会更有安全感。

"女子本弱，为母则刚"，但有了孩子便有了克服困难的勇气，让柔弱的女性也有了钢铁般的意志！

人们总说母爱伟大，不过，只有当了妈妈之后，才能真正体会到母爱的伟大。柔弱的女子，生了宝宝成了刚强勇敢的妈妈。其实，生过宝宝之后，很多妈妈发生了很大的变化，甚至具备了一些奇异的超能力。

听觉非常灵敏。有些女人在没生宝宝之前睡着后雷打不动。可是有了小宝宝，晚上睡觉的时候，宝宝轻轻咳一声，或者更夸张的，宝宝放个屁，妈妈都能听得见，而且会迅速醒来，细心地照看宝宝，真是母爱的伟大啊！

反应超级迅速。宝宝大都很淘气，看到任何东西都喜欢去摸一摸，才不管危不危险。所以当妈妈的就要时刻观察，前面有水果刀，宝宝正在一步步靠近，妈妈看到了以百米冲刺的速度过去把刀拿走。

大力士。谁说女子手不能提，肩不能扛，当了妈妈后可是十足的大力士：一手抱娃，一手拎东西，还要爬楼梯。

多才多艺小达人。以前不会唱歌，不会画画，现在却当起了歌唱小能手，画画小天才。妈妈会发现，原来自己居然是这么"多才多艺"，变着法儿教宝宝，就是不希望宝宝落后于其他人。而且为了宝宝的营养，不会做饭的妈妈硬生生地被逼成了大厨，蒸、煎、煮，真是样样都做得游刃有余。

自带温度感应能力。宝宝稍微脸色不对，或者宝宝吃饭不好，妈妈都能立马感受到。而且妈妈用手一摸宝宝的额头就知道宝宝有没有发烧。

我想经历过生产的妈妈都会明白，世界上的每一位妈妈都是伟大的，因为在生孩子这件事上，每一位妈妈都要经历许多痛苦。

而且，生孩子不仅有痛苦还会出现许多尴尬的情况。生宝宝的时候，在手术台上，有的妈妈会出现想大便的尴尬情况。

生孩子是大部分女人会经历的事。我认为这是一次人生的洗礼，是女孩成长为女人的机会。这个过程中女孩会认识到自己肩上的责任，但是这个过程是真的痛苦。所以，希望世上所有的丈夫都能在妻子生育之后对她更好。

这世上，如果有人愿意拿命来救你，那，第一个一定是母亲。

2022年2月8日，元宵节，一名怀孕35周的准妈妈，不幸感染新冠肺炎，胎儿突发宫内窘迫，需要立即进行剖宫产手术。医院的2位产科医生、3位麻醉科医生、3位手术室护士、1位助产师、1位儿科医生全部到位，同时还有多位医护人员在手术室外进行辅助工作。经过2小时的紧张手术，婴儿诞生，母子平安。因为妈妈感染肺炎，孩子一出生就要和妈妈分开，好在宝宝核酸检测为阴性。小宝宝的诞生让无数网友感动，可谁又能体会过程的曲折和艰难呢？

10岁的男孩不幸患有严重肝硬化，需要立即接受肝移植手术才能保全性命。时间紧迫，加上器官紧缺，检查后当妈妈得知自己符合换肝条件时，无比欣喜，她知道儿子有救了。妈妈平时不善运动，患有脂肪肝，要尽早减重才能确保儿子换肝后的恢复。她每天坚持跑步2小时，加上节食，20天内成功减掉13斤，完全符合移植标准。经过11小时母子的生命接力，儿子终于获得了重生，这场和生命的赛跑，让无数人落泪。10年前，妈妈给了孩子第一次生命；10年后，妈妈依然义无反顾地给了孩子第二次生命。

这样的妈妈太多了！

汶川地震时，一位妈妈被倒塌的房屋压死，却依旧双膝跪地，守护着怀里3个月大的孩子，使孩子毫发无损；53岁高龄加上重症流感，生产前即使面临生死抉择，妈妈毅然做出要"保住孩子"的决定；突患白血病，却坚持孕育的泉州妈妈，化疗掉头发没关系，以后不能生孩子没关系，有生命危险也不怕，只想让孩子活着来看一看这繁华世界。

无论在职场还是在家中，妈妈都是超人，柔弱的妈妈竟然可以一手抱娃，一手提菜；曾经十指不沾阳春水的妈妈竟然可以烹饪和烘焙样样精通；不懂生活常识的妈妈竟也可以独自更换灯泡，疏通马桶；熬夜带娃的妈妈白天依旧可以像打了鸡血一样做方案。

母亲始终是一只超载的轮船，任凭风吹浪打，历经千辛万苦也心甘情愿。在这个世界上，每一个孩子都被母亲温柔地爱着，母亲记得孩子的爱好，默默地为孩子付出。

母亲不想刻意标榜自己，也不想当英雄，但在孩子的心里，母亲活成了英雄的样子，不惧生活艰辛，无畏担当责任，只想把最好的留给孩子，留给家庭，是真正的英雄。

母亲爱孩子，就像爱自己的生命，愿意代孩子承受任何凶险与苦难。女人固然是脆弱的，但母亲是坚强的。

第三章

爱是蜕变,不是忍受

第一节 压力的释放

申雪翔主任说：

当你感觉到压力时，可以先静坐下来，深呼吸，探寻自己的内心，去思考：你的压力是什么？你的压力来自哪里？有哪些表现？你可以做哪些事情来释放压力？你是否可以寻求他人的帮助来减轻压力？如果换一个角度来看的话，你的压力是不是就不算是压力了？有没有可能只是激素分泌的原因？那么你应该采取什么样的措施与激素做抗争，不要让激素完全掌控你的情绪呢？

当你深陷压力的怪圈时，要学会跳出怪圈，站位高一点也许压力感就会消减很多。

科学的自我释放压力的方式有很多，如果你感受到了压力，那么请你尝试一下瑜伽和冥想，或许这些方式对你压力的释放有积极显著的效果，如果你自己去尝试稍显困难的话，也可以找专业的人员和机构寻求帮助。

在确定自己怀孕后，准妈妈就开始了 10 月怀胎的辛苦历程。俗话说，不养儿不知道父母恩，不当家不知道油盐贵，孕育胎儿直到分娩是一个需要克制自身，科学合理度过的一段经历。在这个过程中，准妈妈要尽量保持内心的愉悦，因为腹中的胎儿会受到准妈妈心情的影响：准妈妈有好的心情，对胎儿的健康有很大影响。但明知孕期保持好心情有利于胎儿发育，有些准妈妈仍旧会在孕期动气，其中不乏家庭的因素触怒了准妈妈。

第三章 爱是蜕变，不是忍受

闺蜜小文在怀孕时，有一次如往常一样等待丈夫下班回来给自己做饭，但左等右等就是不见丈夫回来，眼瞅着丈夫下班的时间早已过去1个多小时，关心丈夫的小文给丈夫去打电话，语音提示对方已关机。小文当时已有5个月的身孕，她简单地吃了口饭后，就坐着等待丈夫。直到晚上11点，小文都快要在沙发上睡着了，才听到丈夫开门的声音。进家后的丈夫一身酒气，跟跟跄跄地边向卧室走，边和小文解释回来晚的原因是和好哥们儿喝酒去了。小文的情绪由担忧转为了愤怒。她对丈夫不提前告知自己的做法感到很气愤，为此她开始和丈夫拌嘴，醉酒的丈夫没好气地留下一句"真矫情"走进了卧室，小文为此伤心了好一阵。

在怀孕期间，准妈妈多多少少会因为家庭琐事和准爸爸起争执，有的准爸爸会包容准妈妈，因为他觉得准妈妈怀孕不容易，但有的准爸爸会控制不住自己的情绪非得和准妈妈争个谁是谁非。如果准爸爸和准妈妈吵架，准妈妈会比平日更加难过，这是为什么呢？主要有以下三点原因。

一是孕期准妈妈缺乏安全感。在怀孕期间，准妈妈会因为把注意力都放在腹中的胎儿上，而出现内心的焦虑，这会让准妈妈的抗压能力较怀孕之前有所减弱，时不时地会缺乏安全感，对于准爸爸的一些言行和举动，准妈妈会更加敏感。这个时候，如果准爸爸和准妈妈争吵，那么准妈妈会将这种不安全感进一步放大，伤神的过程中，更会伤心。

二是孕期准妈妈体内激素的变化会导致情绪起伏大。在怀孕期间，随着孕程的进行，准妈妈体内的激素会发生变化，出现孕吐、缺乏食欲等孕期反应。体内激素的变化也会让准妈妈身心疲惫，常常出现困乏感，并且伴有腰腿发酸的情形，有的会出现新陈代谢紊乱的情况，这些情况会让准妈妈情绪起伏较大。偶尔准妈妈会向准爸爸发泄情绪。这个时候，准妈妈希望准爸爸可以耐心安慰自己。如果准爸爸不识趣地和准妈妈争吵，会让准妈妈的心情变得更加糟糕，并且会更加伤心。

三是孕期强烈的妊娠反应会让准妈妈身心疲惫，易发怒。准妈妈在怀孕20周左右的时候，会出现一系列妊娠反应，比如恶心、呕吐、厌食，这些反应既会让准妈妈身体不适，又担心腹中胎儿的营养摄入不足，内心很纠结。这种身体和心理上的双重压力会让准妈妈神经紧绷，十分困扰。这个过程中准妈妈的内心是脆弱的，急需要身边人的安慰。如果这个时候，准爸爸和准妈妈拌嘴，会让准妈妈觉得准爸爸不体谅自己，进而会更加伤心。

我有个大学同学，在跟丈夫闹离婚那段时间，不小心怀孕了。为了孩子，两口子各退了一步，凑合着过日子。由于没有准备好，孩子又是在他们闹感情危机的时候怀上的，所以整个孕期她都处在不良情绪之中：经常生气，易怒，暴躁不安。

后来宝宝早产了，早产了近45天。宝宝出生后身体很不好，很难带。8个月左右的时候还会跟妈妈生气，差不多有1周不理妈妈，连母乳都不吃。现在孩子已经1岁多了，身体差，爱生病，而且脾气依然大，很难带……

可见，孕期准妈妈的情绪对宝宝的影响是伴随宝宝一生的，但具体到各个孕期又有不同。

孕早期最危险。大家都知道，孕早期宝宝刚刚在肚子里安家，还没有站稳脚跟。如果早期情绪波动较大，就会使体内激素发生变化，导致胎儿不稳，可能会出现腹痛、出血甚至流产等情况。而对于宝宝而言，最大的危害就是畸形。所以，刚怀孕的妈妈一定要保持好心情，不妨给准爸爸科普一下这些知识，两个人一起给宝宝打造美好的子宫环境。

孕中期是稳定期。到了孕中期，准妈妈的身体和心理都进入了比较稳定的阶段，一般不会出现太大问题，但也不排除特殊情况，比如：妊娠反应剧烈并且一直持续的准妈妈，或者从怀孕开始就没做好心理准备，一直犹豫要不要生，这些都会导致准妈妈情绪波动大。所以，即便是最安全的孕中期，如果情绪起伏较大，或持续性地存在不良情绪，宝宝也会受到很大危害，比如性格问题，免疫力低等。如果在胎儿某部位的发育关键期准妈妈的情绪波动剧烈，有可能导致该部位发育畸形。

孕晚期是分娩焦虑、恐惧的高峰期。除了会导致准妈妈精神紧张、睡眠不良，还会让疼痛加剧，影响分娩进程。准妈妈如果过于紧张，体内会分泌儿茶酚胺，导致子宫血管收缩，子宫缺血缺氧等，进而导致二次疼痛，宝宝也有宫内缺氧的危险。

所以，准妈妈一定要学会控制自己的情绪。准爸爸也要更加包容、爱护自己的老婆，万万不能争吵，尽量多让着准妈妈，多逗准妈妈开心。只有准妈妈心情好，腹中的小宝宝才会更好地发育。

一般而言，人们第一次做任何事情，内心都会忐忑，甚至迷茫。准妈妈会在怀孕的过程中表现出不安，准爸爸也会相应地表现出焦虑。

准妈妈怕宝宝的健康受影响，开始住在娘家，为了陪准妈妈，准爸爸会陪准妈妈一起住。准爸爸也在此时经历人生中新的生活模式，这种模式，是准妈妈熟悉的，对准爸爸而言却是全新的，他是需要时间适应的。还有，其实一个男孩变成一个男人，是需要太太的指点、生活的历练的。

之前生活在男方家，准爸爸还延续着男孩的生活模式，在他父母的身边。在爸妈的眼里，他永远是个男孩。况且每个男人心里都住着一个小孩子，所以说通常男人比女人晚熟。只是很多女人，等不了，放弃了。而如果女人肯多等些时间，男人就会慢慢进入准爸爸的角色。其实谁都不是天生就会当老婆当丈夫的啊，尤其是现在，大多是独生子女，是被自己的父母当作王子公主一样宠大的，从王子、公主到老公、老婆，角色的转换，对谁来说都需要个过程。只不过男人比女人入戏晚一点。

如果准妈妈愿意，在孕期可以适当"示弱"，让准爸爸多分担一些事情，让他积累一些经验。当他有进步的时候，适当地肯定、表扬、鼓励，婉转地指出不足之处，让他明白如何配合准妈妈更好地孕育生命。在这个阶段，准妈妈和准爸爸都需要学习如何共同承担婚姻中的责任。需要准爸爸承担的责任，不要由双方的父母替代完成，哪怕准爸爸做得不完美也要让他去尝试。

在婚姻中，很多时候，能够支撑双方走得很远的是一个人的本性。当一个人具备善良的品质时，他会体贴、照顾他人，为别人提供情绪价值。如果一个女人能够遇到一个善良的男人，那她的婚姻有很大概率是幸福的。

有人很羡慕那种很少争吵、夫妻之间其乐融融的生活，羡慕他们彼此了解。再对比自己所处的婚姻状态，心里难免有较大的落差感。一旦悲观的思绪占据脑海，就会给夫妻两人的相处造成困扰，不利于以后的感情发展。其实，夫妻之间的生活需要保持一种平衡的状态，通过友好的相处减少彼此的矛盾，减轻生活负担。

夫妻之间应学会交心。无论发生了什么事，不论是丈夫还是妻子，都可以尝试和对方说出自己的心事。站在丈夫的角度，虽然是一家之主，理应承担所有的压力，但是有心事一直埋藏在心底，问题得不到解决只会影响情绪，给妻子脸色，影响夫妻感情。夫妻两人可以尝试与对方交心，说出最近遇到的问题，各抒己见尝试解决问题。这种做法可以增加夫妻之间的交流。夫妻之间缺少交流，容易引发婚姻危机。

夫妻之间应学会相互理解。理解意味着去探究对方的说法或做法是否合情合理，是不是有对方的独特见解。争吵往往来源于对同一件事情有不同的见解。如妻子买了一些丈夫不想吃的水果回家，丈夫很纳闷，自己明明说过不想看见这些东西，她却买回来了。不过在不了解事情的起因时就盲目与对方吵架，只会让生活变得难堪。要学会理解，说不定妻子最近身体不舒服，恰好需要这类水果调理身体。两个人互相关心，双方的关系也会更加融洽。

夫妻之间应学会共同进步。时代在变化，科技也在进步，两人停滞不前，生活就很难有新鲜感，共同话题的缺失会导致交流次数减少，导致感情疏离。去尝试新事物，双方共同进步。可以为双方制造新的共同点，然后围绕双方的交集畅所欲言。这既可以让两人的能力得到提升，又能够增加彼此之间的默契。

有的准妈妈在怀孕前和丈夫的感情很好，自从有了孩子以后，就开始不停地争吵，尤其在喂养和教育孩子方面总是有不同的意见，经常当着孩子的面吵架。其实，夫妻反复争执的很多问题是无法解决的。如果你也能有婚姻专家那样的条件去观看很多家庭争吵的录像的话，就会发现，他们会反复争执相似的问题，而且这些问题从头至尾也没有解决方案。因为很多问题并不在表面，而是更深、更隐蔽的关系连接出了问题。又也许，那些问题是生活方式、价值观和性格的巨大差异导致的，根本无法彻底解决。因此，也许夫妻该接受一个惊人的事实，那就是，试图把一个问题弄清楚简直就是浪费时间。

如果夫妻把力气花在保持情感连接上，问题虽然解决不了，但仍然可以安抚对方，让彼此的感觉好一些。尤其是很多有了孩子的家庭，与老人共同生活，会出现更多的根本无法解决的问题。这个时候，更需要夫妻相互尊重、信任和相互体谅。

从不争吵就是爱？其实不一定。得看不争吵是为什么，争吵是不是"有益的争吵"。很多夫妻很怕争吵，仿佛一争吵感情就会破碎，夫妻关系就会受到冲击。有了孩子之后，很多夫妻更是害怕在孩子面前吵架，会选择"冷战"。其实，夫妻之间有争吵是非常正常的生活状态，甚至是家庭的生命力。如果一直能"有话好好说"，当然更好。但是，有益的争吵也能让夫妻敞开心扉，将自己内心的担心、焦虑、不舒服表达出来，让彼此更了解，也让关系更近一步，可谓是"吵吵更健康"。

如果从不争吵是常年的压抑或双方互不理睬的"冷战"，那么也许吵架要更好一些。可是，吵起来，需要勇气、智慧和创意，才能让对方"听"到你。比如，你可能要明白自己的内在需求，也要探索到对方的需求，这样的争吵才是有益的。吵架也需要掌握时机，在极度疲倦、情绪过激的情况下，不适合争吵。这个时候，还是冷处理比较好。

如果婚姻是一条船，孩子只是船上最重要的乘客。孩子的确比丈夫听话，比丈夫可爱，然而孩子所创造的是属于童话世界的温情，成人之间的交流依然需要夫妻共同完成。妻子必须克制全力以赴投入童话世界的欲望，理性看待孩子带给自己的快乐与伴侣带给自己的烦恼。

要警惕这样一种论调：孩子不会背叛我，伴侣却会背叛我，所以我应该把全部的爱给孩子。如果你要求的是百分之百的爱，背叛将存在于所有关系中。父母对于子女的爱，以分离为目的；而伴侣之间的爱，以共同成长为目的。不同的爱，没有可比性，更不存在哪一种被背叛的可能性更小，每一种都是你需要的，必须做好两者的平衡。最终陪伴你顺利驶向人生终点站的，往往是你的伴侣。等到孩子长大成人离开你，再去修复被你疏忽已久的亲密关系，可能已经来不及了。

随着时间的推移，每一个心智健全的人都会在改变的过程中变得越来越成熟，接受改变才是婚姻美满的秘诀之一。夫妻双方应该携手共进，一方总要求另一方，另一方却不思进取，这样的婚姻会很快失衡。第一阶段的爱情烧尽之前，应该尽快找到夫妻二人或整个家庭的共同目标。共同的梦想是婚姻的保鲜剂，因为有目标的人才有不断努力奋斗的动力，有美好的预想，并且有分享的喜悦。这正是一个家庭最需要的互动元素。

人们经常随心所欲地描绘另一半的形象，甚至会在对方与自己所描绘的不一致时指责对方。所以，如实地看待对方，消灭心理错觉，在婚姻关系中尤为重要。爱情比青春还要脆弱。爱的老化标志就是心的麻木，失去情趣，失去让关系和生活变得更好的创意。爱不仅需要守护，更需要滋养、更新。绝对均衡的婚姻是没有的。不均衡的力量通过周期性的压力反弹（冲突）释放能量，然后重新回到均衡，只是每个家庭的周期不一样。

想要爱，就应该持有一种态度，那就是关怀我们所爱之人的发展，肯定和鼓励对方的个性，不断发现对方的独特优势，尊重他们本来的姿态，创造自由和温情的气氛。这个忠告同样适用于育儿。所有只教你关注伴侣而非自己的告诫都是误导，甚至还会对你的婚姻造成严重的伤害。你首先应该学会感受自己的真实需求，然后认真地对待它。只有当你肯定了自己的价值，并且有能力去满足自己的需要时，才能接收到别人的爱，也有力量去爱别人。

第二节　真正的健康

申雪翔主任说：

真正的健康，就是身心灵和谐。

灵性疗愈，重点在于提供能量上的支持。一个处于低谷中的人，其实就是缺少了正能量。如果疗愈师通过自身的成长超越了某个特定课题，那么，在该课题上，疗愈师具备了经由自己真实体验而打磨出来的生命智慧和清澈能量场，可以为个案提供能量支持，使个案的能量状态快速地改变。

一旦开始发展自己的灵性意识，心也随之打开。当你与自己内心最深处的感受建立连接，开始能感受到自己的灵魂，不再将自己完全等同于自己的地球人格时，你的直觉与心灵感知能力也会被唤醒，你对周遭的能量变得更加敏感。随着心灵的敞开，你开始对他人的能量变得敏感，并可能会因此而变得心力交瘁，因为你是如此同情他人。你的头脑开始对新的想法持开放的态度，心灵敞开，且对外在能量变得高度敏感，最终实现身心灵的高度统一，实现真正的全面的健康。

回首岁月，回不去的时光；凝眸往事，断不了的牵挂。世事如书，只能淡然一笑，释怀，才能保护最初的梦想。行走世间，当识人。识人，不必探尽，要有所保留。在人生的旅途中，悲伤，或幸福，都会在流逝的岁月中成为一种虚无。

有不少人，懂得很多道理，却仍然过不好这一生，就是因为不懂回归生活，只活在虚幻中。人生，是一条向前的路，没有后悔药，也没有删除键。人，不管经历了什么，都只能向前，不能回头。做一个简单的人，踏实且充实，不沉醉于幻想，也不沉迷于过去。快乐，就是内心开朗。待人温暖与真诚，内心便能坦然。对于生活的困难及困境，要懂得微笑面对。如果你总是在恐慌中，不知所措，就会内心崩溃。

真正的健康，就是身心灵和谐。其实，人生，很简单。平时多读书，少吃点，睡好觉。灵魂，或身体，始终有一样在路上，你才能活得踏实自在。读书，就是灵魂的修行，而行走或旅游，就是体魄的锻炼。幸福，来源于健康与简单。

随着身心灵行业在国内的快速发展，人们有越来越多的机会接触和了解它，"疗愈"也慢慢成为许多人熟知的一个词。过去，人们遇到心理、情感问题时会想到求助于心理咨询；现在，越来越多的人开始求助于灵性咨询和灵性疗愈。

灵性（身心灵）疗愈，跟传统的方式（如心理学）相比，提出了一个更高的"灵"的概念和视角，把物质性的解决方案（心理学）跟神秘学、玄学的解决方案整合了起来。灵性疗愈涉及更高层面的能量和智慧的介入，因而它的很多解决方案跟能量和高维智慧有关。灵性领域现有的能量疗愈、能量场解读、生命蓝图解读、出生前计划解读、灵性咨询、灵性疗愈等都是这样。灵性咨询、灵性疗愈不需要复杂的理论体系和术语，它对心理、心灵状况的分析和解读更加贴近本质，因为其理论来源是宇宙的更高智慧。

灵性疗愈，重点之一在于提供能量上的支持。一个处于低谷中的人，其实就是缺少了正能量。如果疗愈师通过自身的成长超越了某个特定课题，那么，在该课题上，疗愈师具备了经由自己真实体验而打磨出来的生命智慧和清澈能量场，可以为个案提供能量支持，使个案的能量状态快速地改变。

所以灵性疗愈对疗愈师自身的成长水平要求非常高，几乎可以说，疗愈师是直接使用自己的成长果实（意识水平、能量状态）进行疗愈。传统的心理咨询虽然也要求咨询师具备同理心，但相对来说，对知识、技巧、分析更加注重。

国内现在有大量的身心灵课程、工作坊和个案疗愈。现在的身心灵行业繁荣发展，越来越多的人开始接触这个领域。

女性在成长过程中，经历了内在心理对情感关系的影响，也不可避免地遭遇到社会对女性的价值判断。有很多作家用作品描述过这一现实，比如李昂的一系列小说，毕飞宇的《玉米》《玉秀》《玉秧》三部曲，张翎的《阵痛》，阎真的《因为女人》等，都用敏感而深入的笔触描写了女性的遭遇，读来触目惊心。

无论哪个阶段的女性都容易遇到情感的困惑，在恋爱阶段和婚姻阶段都是如此，甚至在婚外恋中，女性也常常感到痛苦。

在社会和男性的一般眼光看来，青春期是女性最受欢迎的时期。这个时期可选择的异性较多，社会对她们的宽容度更高，约束更少。因此，相对来说，这是女性情感最自由的时期，也是最受大部分男性青睐的时期。但即使在这个时期，女性也会遇到情感上的痛苦，这个原因后面会有解释。

当女性进入婚姻以后，由于生活的压力、男性的不体贴、关系渐渐走向平淡等原因，即使有很少的女性真正拥有幸福满意的婚姻，她们的内心仍然感到孤寂。这个时候的女性就变得被动了，家庭责任、社会眼光都在约束着女性。以社会的一般标准来衡量，女性的年龄不再有优势，因此其渴望只能压在心里，生命力也渐渐枯萎。

有些女性选择了婚外恋情作为补偿（顺便说一下，这种情况比人们想象的要常见和普遍得多），但在大多数的婚外恋情中，女性并未得到她渴望的真正的爱，关系往往演变成以身体和性为主导的关系，这一现实也常常让女性感到痛苦。另外，婚外恋情不得不面对复杂的非一对一的关系，很容易引发女性的嫉妒和不安，有时甚至带来悲剧性的结果。

在现有的社会观念中，年长的女性似乎失去了渴望情感的权利，似乎她们渴望情感是不正常的。她们好像只能作为慈爱的母亲、贤惠的妻子而存在。这使得她们只能压抑内心的渴望，慢慢地她们自己也感觉不到自己内心的情感渴望了。

社会底层的女性，由于生存环境更差一些，自身的价值感更加低落，她们的状况也严峻得多。相当多的女性内心一片荒芜，几乎不知道被爱的滋味，她们的孤独感更强烈，却也最没有能力妥善地改变和疗愈自己。

还有一些没有像大部分人一样按部就班地走进婚姻、生儿育女的女性，她们承担着来自社会和家人的诸多压力，被贴上"剩女"的标签，在社会和他人的眼光中逐渐消沉，自己也往往因为偏离主流而感到不安。

社会上流行的种种关于女性的价值观，比如年龄、外貌、婚姻状况等，几乎都是束缚性的，捆绑了她们的手脚，贬低了她们的价值，使得女性变得无力，难以拥有自信美满的关系和人生。

孕期，准爸爸和准妈妈一起上疗愈课，效果特别好，因为很多问题可以呈现出来。过程中，准爸爸或准妈妈内心的话被老师用对方能接受的方式讲出来，被对方听到。光是呈现，就可以使很多问题得以解决。宝宝的到来是一次契机，让双方的亲密关系变得更加深入，更加紧密。一个新生命的到来，不光是准妈妈情绪有变化，对于准爸爸来讲也意味着将面临很多挑战，这是需要两个人甚至是全家人共同面对的事情。

孕期对于准妈妈来说，是一个很好的学习自爱力的时期，有能力爱自己，有能力接受爱，有能力爱别人，准妈妈会更好地疗愈自我。虽然之前成长了很多，也突破了很多，可是自我攻击的做法依然如影随形，做什么事情都会伴随着攻击自己的能量，觉得一定是自己哪里不好，所以才导致问题出现。比如在孕期，准妈妈可能会出现骨盆区域的不适，但是她们潜意识里却会责怪自己，这种压力让自己喘不过气，更别提有力量做事情了。如果不在孕期，准妈妈们就不会那么敏感。而现在当准妈妈看见这样的模式之后，就会发现自己轻松了好多好多，对待自己的模式不再是批评的、攻击的、恐惧的，而是逐渐变成以爱为推动力。爱自己，才能更有力量去爱宝宝。其实宝宝的到来就是提醒成人要爱自己。

一直以来，妈妈从本质上，无意识的不愿意长大，觉得长大好累，要不断地去满足各种人对自己的要求，实在没力气去满足了，就用不长大这样的方式对抗着，也想借着这种力量，找到真正的本质的答案。

那么，如何才能疗愈女性创伤呢？仅仅拥有政治权利并不能疗愈这些女性伤痛，灵性的内在疗愈也是必要的。如何进行内在疗愈呢？女性真正需要的是，来自心灵的灵性并与此同时对腹部有着敏锐的洞察力。

一旦开始发展自己的灵性意识，心也随之打开。当你与自己内心最深处的感受建立连接，开始能够感受到自己的灵魂，不再将自己完全等同于自己的地球人格时，你的直觉与心灵的感知能力也会被唤醒，你对周遭的能量变得更加敏感。随着心灵的敞开，你开始对他人的能量变得敏感，并可能会因此而变得心力交瘁，因为你是如此地同情他人。你的头脑开始对新的想法持开放的态度，心灵敞开，且对外在能量变得高度敏感，而与此同时，已被旧有创伤吸空能量的腹部又会怎样呢？

即使在这一生，作为女性，你在童年与成年时期并未遭到恶劣粗暴的对待，你的女性能量中依然携带着某一存在于每个女性之中的根深蒂固的模式，以及羞辱与苦痛的影像。因此，女性很难使其腹部的强大能量自然地流动起来。

颇具悖论性的是，只要你踏上灵性之路，或早或晚，你会面临这一挑战。

如果你与他人建立连接，却并未扎实地根植于自己的腹部——这是助你与自己的需求和内心的真实建立连接的能量中心，那么你在与他人互动的过程中，便可能会出现失去自己、精疲力竭、无限度地给予的情况。事实上，许多高度敏感的女性身上都出现了这种情况。

如果你们不能将灵魂与心的能量完全融入腹部的层次，真正沉入盆腔——女性能量的象征，就非常容易跌倒。而且，如果你们能够认知与运用这最原始的力量，就会深切地感受到，自然中的一切只有拥有施与受之间的平衡、与自己同在和与他人同在之间的平衡，以及连接与放下之间的平衡，才能存活下来。

正是因为这一平衡的必要性，我想对女性，对高度敏感的人，对关注灵性成长的人强调：请呵护这一腹部力量，并将其化为己有！要敢于为自己挺身而出，建立健康的"界限意识"！你们往往将灵性与爱、光和连接联系在一起，你们渴望这些能量，然而，能否获得真正平衡的连接取决于你们设定界限、拥有个人空间、全然地体验自身之力量与尊严的能力。

正因为众多女性已经习惯了腹部的无力感，所以她们倾向于来自心中的过度给予，不断地给予，直至精疲力竭，或者在与他人，包括爱侣、子女、父母和朋友的关系中完全失去自己。在与他人的关系中失去自己，往往说明你于自身感受不到归家感与安全感。如果你感受到强烈的空虚或疏离感，很想接近一个人——貌似沐浴于爱河，隐藏其中的却是一个不同的动机：你需要他人来使自己拥有良好的感觉，使自己拥有归家感，需要他人带给你被接纳的感受。

希望你为自己做出"如何与周遭世界，与自己所爱的人、朋友、子女与父母连接"的决定。现在，你可以试着关注某一具体的关系，看一看自己于腹部层面有何感受？你在那里拥有多少属于自己的空间？在这段关系中，你的腹部是否能够放松？是否觉得本然的自己获得了滋育、接纳与认可？你是否觉得自己必须付出一定的努力，而这样做却使自己的能量流失给对方？这些都是信号，提醒你有什么东西正在不断地侵蚀着你，让你看到你正在过度地给予，或者正在辛苦地争取他人的首肯，因为在你的腹部深藏着恐惧与痛苦，深藏着一个空穴。

现在，让我们一起走向这个空穴。它是如此地憔悴，充满创伤，背负着沉重的过去。观想你眼前便是女性集体能量场，让我们一起走近她腹部的洞，高举火把，不要畏惧。你比这一集体之痛更强大，你的在场会将光带给黑暗。在这个被遗忘的区域播撒光，希望女性能量的力量再次彰显于地球：地球的力量、自然的力量……感受与直觉的力量、神秘的力量……播种与收获的韵律、季节的交替……宁静的月光……愿这些元素彰显于我们的人生中，愿女性能量再次闪耀……不仅来自内心，还来自腹部深处的智慧之源。

第三节　岁月成就出自律

申雪翔主任说：

对于一个家庭来讲，父母是土壤，孩子是花朵。如果花朵有问题，多半土壤也有问题。

家长常看到的孩子的问题，往往家长身上也有，只是家长看不到自己的问题而已。

孩子是父母的一面镜子，照出了父母的问题。其实在孩子眼里，父母拖拉取闹的程度比自己严重多了，只是没有人指出而已。

拥有自律的父母，是孩子此生的福气。

俞敏洪说过："如果家庭是一台复印机，父母是原件，那么孩子就是复印件。"若复印件出现了问题，必然要追溯到原件身上。也就是说，孩子身上的问题多是父母所映射的。

自律的父母，孩子基本不爱偷懒；不自律的父母，很难养出自律的孩子。父母的不自律，正在悄悄毁掉孩子。孩子的身体不健康，可能是因为从开始，就习惯了好吃懒做、房间凌乱的生活方式。孩子的生活不如意，可能他的父辈从父母开始，就养成了吊儿郎当、不思进取的坏习惯。若父母自己本身就无法控制自己，更不要指望孩子能够自觉自律。

最没用的教育就是不停地说教，教养孩子是一件很公平的事，父母的用心程度，决定了孩子的优秀程度。就像播种，如果没有默默耕耘，没有悉心照料，怎么会有好收成？

面对孩子的不自觉、不努力、不上进,父母恨铁不成钢,对着孩子大吼大叫"快去写作业!""快上床睡觉!"

一边在孩子身上挑刺,一边说着大道理,往孩子的头脑里灌输"自律"的重要性,自己却还在玩手机、看电视。

换位思考,若你是孩子,你觉得你的所作所为有说服力吗?世界上最没用的教育有三种,讲道理、发脾气、刻意感动。孩子不自觉,父母只知道说教,却发现讲道理没用,揍一顿也没用。第一种的结果,孩子完全不听父母的说教,你说你的,我该怎样还是怎样。第二种的结果,孩子讨厌父母的说教,产生逆反心理,公然和父母对着干。第三种的结果,孩子表面服从,内心抗拒,和父母的关系越来越差。道理人人都懂,但若父母对于孩子是一套标准,对于自己却是另一套标准,孩子怎么会接受?父母怎么做,孩子就会跟着怎么做。古人说得很好:"言传不如身教。"说再多的大道理,也不如一次简单的示范,骂孩子100遍,也不如自己带头先做好。

孩子是父母的影子,是父母的翻版。孩子身上的行为,不管是好是坏,几乎都是父母教育及影响的结果。一个爱打扮的母亲,她的女儿多半也爱打扮;一个爱说脏话的父亲,他的儿子多半也行为粗鄙。孩子不会乖乖听大人的话,但会模仿大人,这是家庭教育的定律。孔子也说过:"其身正,不令而行。其身不正,虽令不从。"教育孩子,若用行动来教育,孩子就会跟着做,若用空话来教育,只会导致争吵。聪明的父母,懂得给孩子做好榜样。就像武亦姝①的爸爸,为了好好陪伴女儿,每天下班后就关掉手机。武亦姝受到爸爸的影响,空闲时也不爱玩手机,更多的是背诗、读书、练习书法。要让孩子做到的,父母首先要做到;不想让孩子做的,父母首先不能做。父母为孩子树立好榜样,远比要求孩子做好更重要,父母的一言一行就是孩子的标杆。

父母越自律孩子越幸福。曾经,有个当了多年班主任的朋友和我聊天,提起每次开家长会时,她都会下意识地观察各位家长。她发现,那些衣着得体、举止优雅的父母,孩子的成绩一般不错;而那些穿着随意、言语粗鄙的父母,很少养出优秀的孩子。父母是孩子的第一任老师,也是永远的班主任。在孩子身上留下

---

①2017年,在央视《中国诗词大会》第二季总决赛中夺冠。

不可磨灭的印记的，不是老师，不是学校教育，而是父母和家庭教育。乔布斯说过："自由从何而来？从自信来，而自信则是从自律来！"希望孩子有自由，就要让孩子自律。希望孩子自律，自己首先要自律。

要养成良好的生活习惯。父母生活作息规律，做事有条理有计划，凡工作不拖延，凡娱乐不沉迷，孩子就会有样学样，形成良好的习惯。

要遵守基本的社会秩序。父母遵纪守法，遵守社会公德，践行文明规范，时刻约束自己，承担起家庭责任和社会责任。孩子就会形成规则意识，知道是非善恶，明了什么可为，什么不可为。父母要做到诚实守信，宽容大度，不随意评价他人，不冲动宣泄情绪，给孩子做好榜样，让孩子拥有美好的道德品质。自律的父母，就算给不了孩子最好的生活，也可以让孩子养成良好的习惯，这些才是给孩子最好的礼物。

疫情之后的课几乎把家长逼疯了。不仅是孩子需要适应新的学习方式，更重要的是家长也要相应地调整状态。有家长说，如果没有坚定的意志，高度的自律，真可能崩溃。

一大早，孩子就得起来做好上网课的准备，那家长就可以睡懒觉吗？不行！如果家长不起来陪着的话，万一孩子找不到网课地址呢？要是连不上网呢？甚至孩子直接去看动画片呢？家长能安心地呼呼大睡吗？如果孩子是低年级的，更需要陪同才行。这就相当于需要家长全程在线陪读了。平时搞定早餐，把孩子送到学校就可以松一口气了，但如今一整天孩子都在身边，看到孩子不认真开小差，就大眼瞪小眼。而且自己想玩点啥、看点啥都得注意，因为孩子都看着呢。

没有孩子之前，真的无法理解一个妈妈为何半夜还没有休息或者半夜还在准备孩子第二天的学习材料。

有一位妈妈说自己读中班的儿子有两个问题：一个是插嘴哭闹，一个是作业拖拉。问我该怎么办。解铃还须系铃人，还得从妈妈身上找原因。沟通后她说家里的大人都不自律。

读中班的孩子，要不要写作业先不谈。但学校安排了作业，那父母就要让孩子养成回家先写作业再玩的规矩。这样的话就能在规定的时间内完成作业，之后的很多冲突就能避免了。

如果父母对孩子的作息进行合理的设置，并且想方设法去保证执行到位，帮助孩子养成习惯，这样就不会因为太过紧张而催孩子快快快。

很多时候，父母不自律，孩子当然更加随意了。父母自己都难以控制自己，那就不要指望一个孩子能有多自觉。

之前微信群内有一位妈妈说自己的孩子5岁了，但是比同龄人要矮小很多，还经常生病，而且孩子的性格很软弱，常常动不动就哭，问大家有没有招儿。我向她了解了一些情况，这个孩子的生活作息一直没有规律，有时候爸爸加班回家晚，一家人就常常晚上11点后才睡，因为儿子每天要等着爸爸回来，然后一起玩一会儿，还要洗澡，最后要爸爸讲故事，一折腾就到了11点。5岁的他已经是一个资深的夜猫子了。孩子晚上睡不好，白天没精打采的，上课常常瞌睡，幼儿园有集体活动时常常躲起来，说太累了。

长期的作息紊乱会让孩子的身体受损。孩子的作息是由生物钟控制的。可惜的是，现在很多孩子的生物钟，常常被父母粗暴地打乱。

我非常怀念在乡下奶奶家带儿子的那段日子。乡里的夜似乎来得更早一些，而且夜幕下的世界很静谧，所以儿子晚上8点半就睡了，早上7点多起床，生活作息规律。来了城里之后，生活作息就开始变化了，特别是家里忙着装修房子的那段时间。我们回来得晚，儿子就一直等着，非看见我们回来才睡，结果有时候10点还没睡，第二天起不来。我觉得这不行，所以就想办法让他早点睡，找一个固定的点上床睡觉，就算再忙，也把这个问题作为重点。经过一段时间的坚持，终于把这个问题调整好了。我有一个熬夜写稿的习惯，有时候哄他睡着后，自己去敲几个小时的键盘，所以第二天儿子起床了，我自己却起不来。有时候他就会来叫我起床，没睡醒的我有时候还会有起床气，对着小家伙发脾气，事后后悔不已。

很多时候，父母自己不自律，却怪孩子拖拉或者无理取闹。自己也存在类似的问题，却只是一味地责备孩子，实在有点过分。

为人父母后，一定要谨言慎行。

人不仅充当社会角色中的自己，内在心理上的自己，还要做好家庭角色中的自己。社会的角色相对固定，而那个内心中真实的自己会有欲望，而且常常不受控制，但家庭中的自己为人父、为人母，是最需要谨慎认真的角色。孩子的规则意识很强，父母千万不要去破坏，树立一个不好的榜样就毁了。很多妈妈问我，蛋蛋（我儿子）玩不玩手机。他只是偶尔玩一下，没有瘾，一周玩几十分钟不

为母则刚

到。我有好几台手机,都放在桌子上,他不会去玩,因为他知道那些手机是爸爸工作用的。我之前为了看电影方便,手机里下载了播放器,结果有一次我看的时候,儿子就凑了过来,眼睛扑闪扑闪的,兴奋地要我给他放动画片。当时,我肯定要满足他的好奇心,但后来我就把播放器卸载了,并且坚决不当着孩子的面用手机看电影。后来我在平板上下载了一个播放器,有时间的时候就陪他看电影,也让他自己适当地看看动画片。还有一段时间,我下载了一个象棋游戏,刚开始玩得很起劲,孩子也要玩,就算不懂游戏规则,也要拿着去点点点。看我这么喜欢游戏,他就要我给他也下载游戏。于是我给他下载了一个鳄鱼小顽皮爱洗澡的游戏,并且规定每次玩三盘。他答应了,后来玩了很多关后,他也就不再要求玩了。而我也戒了手机游戏。所以我的手机就是通信交流的工具。想一想,我对自己真的有点残忍。但为人父,我愿意对自己残忍一点。

当他不玩手机游戏的时候,都喜欢做什么呢?会在我身上爬上爬下地玩,会拉着我去外边玩,会找他的哥哥和妹妹玩,会去阅读,会搭积木,或者自己拿一群恐龙自己配音玩。还会去画画,或者给自己的画做备注。写数字,按照书上的故事,自己给自己出题,自己解答。

我总觉得有一种公平存在于天地间,特别是养孩子,父母用心与否,常常跟结果息息相关。就好像庄稼人种地,不好好培植,不悉心照料,收成会好到哪里去呢?

我相信,自律的父母,往往能养出更优秀的孩子。而父母的不自律,可能会毁掉孩子。

我们村有这样两个妈妈。

一个妈妈是我们村的"娱乐队长",她家常年有人打牌。她儿子初中毕业后就没读书了,上学的时候就常常跟一帮同学在学校打牌赌钱。没钱的时候就一伙人找低年级的学生要钱。有一次,他爸爸把他关在屋子里语气强硬地问他以后还打不打牌了。结果他反倒让父亲无话可说:"可以啊,你先把咱们家那麻将机烧了,你敢吗?我妈打了几十年牌,你怎么不管?"本来就怕老婆的爸爸被儿子这么一说,傻眼了,只能跺脚叹气。

还有一个妈妈,她家的条件一般,但她是一个非常让人敬佩的女人。每天早上我们去上学的时候,她会跟儿子一起出门,有时候扛着锄头下地,有时候挎着篮子采茶，总是笑眯眯地看着我们去上学。孩子们放学后，她在家里安安静静地准备孩子们的晚饭，两个儿子就在灯光下安静地写作业。记得那时候她家是木房子，还用报纸糊了墙，家里被这个妈妈收拾得干干净净，一个衣柜还被改造成了书橱，我们都喜欢去她家读书。几年后，她的两个儿子先后考上了重点大学。这几年她和老伴跟着儿子去了大城市。偶尔回村时会跟村里人谈及自己的见闻趣事。众人羡慕不已，真正懂她的人都说这是她应得的，因为她是一个好妈妈。

自律的父母，就算给不了孩子多好的物质条件，也可以让孩子养成有规律的生活作息，养成好的生活习惯。这些珍贵的"礼物"让孩子终身受益。

网课，拼孩子的自律性，更拼父母的监督力。监督不是约束，而是真爱。要想让孩子在家上网课更有效，需要兼具以下四方面要素：孩子的自律性、课堂的吸引力、老师的责任心、家长的监督力。

这四个要素哪个最重要？

孩子的自律性是关键，这个自然不必赘述。那么，剩下的三个哪个最能够在网课时期发挥重要作用呢？

我认为是家长的监督力。

为什么？原因有二：

第一，课堂的吸引力和老师的责任心在线下的学校教育中非常重要，但是在网课时期，老师总有一种鞭长莫及的无力感。

第二，孩子习惯的养成需要一个从"他律"到"自律"的过程。如果孩子从小一直是家长盯着、哄着学习，那么即使到了初中，他也仍旧处于"他律"阶段。家长会说：我总得放手吧？要放手，但是不能放得太急，就像照顾学走路的小孩，放手太快孩子会摔跟头的。放手前要有个"假装搀扶"的阶段，让孩子从"他律"顺利过渡到"自律"。

自律的孩子会越来越优秀，不自律的孩子会越落越远。

第四节　母爱的留白

申雪翔主任说：

做正确的事情，走正确的道路，并且留给孩子成长的空间，遵循婴幼儿成长的正常轨迹才是适当的爱。

给孩子一片自由成长的蓝天，不要过度保护，给予孩子张弛有度的教养，给爱留白，才能培养出身心健康的孩子。

爱不是全部给予，而是懂得克制，懂得留白艺术的母亲更睿智。很多画家在绘画的时候喜欢空白，这是为了给看画者一点想象的空间，使他们发散思维，来加强看画者对画的欣赏和理解，以此来发挥画作的最大艺术价值。

实际上，并不是只有画才需要留白，父母在教育孩子的过程当中也可以通过留白来给予孩子一定的思考和发展的空间。

父母要怎样留白呢？

留白是要尊重孩子无限发展的可能。家长可以在生活中的方方面面给孩子留白。例如，现在很多父母希望自己的孩子赢在起跑线上，给孩子报各种各样的兴趣班和补习班。但是这种所谓的兴趣班和补习班，孩子并不一定真正喜欢。每天都重复着一样的动作，每天都在写试卷，每天父母都和自己唠叨，这样孩子的空间会越来越小，失去自己的兴趣。

所谓的留白教育就是家长要与孩子保持一定的距离和给予孩子空间。因而，留白教育对家庭教育来说是给孩子更多的自由空间。留白不仅是尊重孩子的表现，更是能给孩子带来无限可能的教育方式。

留白教育让孩子受益匪浅，具体来说，主要有以下三大好处。

一是能够让孩子自由思考。在留白教育当中，父母不要时刻督促孩子，不要随时随地纠正孩子的错误，不要一直教育孩子怎么样才能变得更好，不要每一件事情都瞻前顾后思考是不是这件事对孩子没有好处等。

家长克制住自己的想法，给孩子一定的思考空间，让孩子多思考，这样才能增强孩子的创造性思维能力和发散性思维能力。当孩子有自己的思考空间的时候，会更愿意主动学习相关知识，勇于探索未知事物。帮助孩子提高探索能力，比父母每天安排孩子学习更加有意义，更加能让孩子得到进步。

二是能够提高孩子的感知能力。当孩子拥有了自由发挥的机会，就会利用身体的机能，不断感受外部世界。能够针对亲身体验，充分表达自己内心的想法。孩子在小的时候对外部世界普遍充满好奇，总是喜欢不断地去探索。当父母采取留白教育的时候，孩子能够主动感知世界，能够主动倾听，不断探寻奥秘，流利地表达自己内心的想法。这也是孩子思维发展的重要途径之一。

三是能够在一定程度上缓解压力。留白教育能够在一定程度上让孩子的心理和精神压力得到释放和缓解。现在社会竞争激烈，很多孩子从小就学业繁忙，留白教育能够让他们的大脑得到放松，从而帮助他们调整自己的状态，更加投入地学习。当孩子紧张的时候，父母要让孩子适当放松自己，做一些不需要花费太多脑力的事情，比如看电视、散步等，让孩子有静下来的时间和空间，这样孩子就能够不断恢复能量，不断地提高自己的效率。

那么，家长应该怎样采取留白教育呢？

一是尊重个体的发展。家长要尊重不同年龄阶段孩子发展的规律，不能违背成长规律。教育孩子要一步一步来，不能一蹴而就，不能因为孩子达不到自己的期望或者目标就心急，而要循序渐进。这样孩子才会有更大的发展空间和更多的发展。在不同的年龄段要做不同的事情。

二是引导孩子自主思考。有时候家长的长期唠叨会让孩子产生逆反心理，会让孩子厌恶甚至是排斥家长的意见。这种情况是因为家长没有去了解孩子的真实需要。家长要积极引导孩子自主思考，自己做决定，让孩子为自己所做出的决定承担一定的责任和后果。

很多很小的事情都能够引导孩子自主思考。例如，让孩子自己挑选用什么笔来绘画，晚上要吃什么菜等。家长大可将决定权交给孩子，让孩子参与其中，从而增强他们的参与感和归属感，提高孩子的思考能力，培养他们主动跟家长分享自己想法的习惯。

三是注意学习的间接性。所谓学习的间接性指的是孩子不需要每分每秒都学习，没有休息的时间。孩子需要放慢自己的脚步，让自己有时间审视事情，有时间认真思考，也让身体和大脑有彻底放松的机会。

正如机器如果每天都在不断运作，总有一天会发生故障，更别说年纪轻轻的孩子，孩子承受压力的能力还不足。

当然，如果孩子自己的学习节奏非常慢，而外界学习节奏很快的时候，家长要根据自己对孩子的学习特点的了解，运用一些方式帮助孩子适应高节奏的学习生活，合理安排繁忙的学习计划和课后作业。

四是懂得暗示孩子。孩子探索世界的能力是未知的，任何孩子都可能爆发出巨大的潜能。所以，家长要给予孩子适当的暗示，帮助孩子树立自信心和勇气去面对探索中出现的问题。

统一的教育方法不一定能够面面俱到，家长可以根据自身家庭的现实状况制定相对应的教学政策和措施。父母的爱并不是要给予孩子全部，而是要懂得克制，适当给孩子留白，尊重孩子未来发展的无限可能性，帮助孩子变得更加优秀。

一句"陪伴是最长情的告白"，我们早已烂熟于心。但有些陪伴，不如不陪。陪伴孩子这么久，你真的懂陪伴吗？陪伴孩子，最滑稽的画风是——家长打着游戏，刷着抖音，却要求孩子在一旁心无旁骛地写字背书。刁钻的孩子或许会问："我奋笔疾书你虚度人生，凭什么呀？"父母应该为孩子创造宁静的环境，有一种生活叫"不插电生活"，你懂的。

父母不但要照看孩子的生活，还要知面和知心。孩子的悲欢总会留痕，不写在脸上就蓄在眼底，陪伴孩子，家长必须明察秋毫。曾经，一位性情温顺的高一女孩突然离家出走，去三亚面朝大海，她的陪读妈妈悲叹："我与她朝夕相处，以为是她肚子里的蛔虫，竟不知道她的心早飞到了天涯海角！"其实，一切早有征兆，只是父母的心还不够细。

若想好好陪孩子，请父母把端着的架子放下来，和孩子一起玩儿吧，不要嫌孩子的游戏太幼稚。养育孩子远不只是耳提面命，许多时候，在玩儿的过程中就完成了言传身教。孩子喜欢的游戏，什么角色扮演、猫抓老鼠、打怪通关等，父母总应该会几样。孩子的世界，父母懂得越多，参与得就越多。

父母不要以爱的名义充当"人肉监控器"，要学会留白。没有哪个孩子喜欢被全天候无死角地监控，没有哪个孩子喜欢父母一直在一旁唠唠叨叨。孩子不会做的题，开不了的窍，作为父母，会就点拨一下，不会就拍拍孩子的肩膀，递上鼓励的眼神。

父母应该安安静静当好孩子的树洞！如果孩子想跟父母诉说烦恼，或者分享喜悦，请父母放下鼠标、放下公文，放下一切自以为重要的东西。在孩子还愿意吐露心声的时候选择倾听吧！总有一天，父母想听，孩子已不愿说。

父爱不一定如山，母爱也不一定如水，就在孩子身边，做温暖的阳光便好。当孩子考砸了，交友遇挫了，父母就是不离不弃的光，驱散乌云，照亮前程。记住——"还有我"比"我爱你"更温暖，更有力。

陪伴即是牵手同行，父母应该经常为孩子驻足鼓掌，且同行且赞美！比如，当孩子辛辛苦苦完成一幅书法作品、一个手工作业或者一篇小小习作时，就算家长不是行家里手，也要认真欣赏，不要敷衍了事。因为，被赞美过的花儿，开得更鲜艳。

母爱是人类最纯洁、最无私、最珍贵的情感，每一个孩子无不享受着母亲给予的幸福和快乐。但是，母爱是有分寸、有尺度的，过多过少都会对孩子的成长造成不利影响。

特别是在充满激烈竞争的社会条件下，在强调个性发展和独立人格的教育环境中，母爱往往与现实教育的要求是有矛盾的，与孩子追求自立的愿望也是有冲突的。作为新时代的母亲，只有正确把握母爱的分寸，才能化解这种矛盾与冲突。要做好以下四方面。

一是多蓄于心底，少显于形表。在现实生活中，不同性格的母亲其母爱的表现方式是不一样的。性格开朗者，往往表达的方式比较直接，有时不分场合，也不顾及孩子的心理状态；性格内向的母亲，一般表达的方式比较含蓄。不同文化层次的母亲其母爱的表现方式也不一样，会有朴素与花哨的差别。不论何种情况，都是正常的，无可厚非。

但如果把母爱蓄于心、藏于情，尽量少显于形、过于直，那就会使母爱达到一种更高的境界。所谓蓄，就是要加强修养。母爱是母亲的天性，有与生俱来的因素，但后天的修养是使母爱至善至美的重要一步。这就要求每个母亲加强学习，积极提高文化素质，不断陶冶道德情操。一个具有良好文化素质和道德情操的母亲，才会真正理解母爱的真谛，才会赋予母爱更完美的内容和表现方式。

二是多施予幼小，少给予青壮。孩子在不同年龄阶段享受到的母爱应该有所不同，这是母亲要把握的分寸。对幼小的孩子应该施予更多的母爱。孩子从嗷嗷待哺到咿呀学语，再到蹒跚学步，处在弱小渐长的过程之中，缺乏基本的认知能力、抗御疾病和外来伤害的能力，犹如一棵小草非常脆弱，经不住任何风霜雪雨的袭击。这个时期的孩子特别需要母亲的精心呵护，一丝母爱就如一泓清泉，会无声地滋润着孩子的成长，母亲也会从孩子快乐的成长中获得精神愉悦和满足。

但孩子到了青壮年以后，就应该尽量减少母爱。这时孩子已经有了自己的人生观和世界观，有了分析问题和解决问题的能力，甚至自己也要承担做父母的义务和责任了。如果母亲总是觉得孩子没有长大，仍然无微不至地关照和喋喋不休地唠叨，那只能适得其反，使母爱失去应有的价值和意义。

三是多渗于行为，少挂于口头。"慈母手中线，游子身上衣。临行密密缝，意恐迟迟归。谁言寸草心，报得三春晖。"这是唐代诗人孟郊的《游子吟》，全诗的字里行间都饱含着母爱，感情诚挚深切。这首诗通过慈母飞针走线密密缝的动作，让读者感受到母爱的厚重与真挚，具有无爱胜有爱的渗透力和感染力。给人的启示是，母亲应该把母爱渗透在自己的行为中，而不是挂在口头上。具体来说，一要渗透在勤劳奉献上。母亲在一个家庭里总是处于枢纽位置，要调整上下左右的关系，安排好全家的衣食住行，特别是要处理好孩子生活学习方面的事情，这些都是默默无闻的奉献，也正是通过这些奉献播撒母爱。二要渗透在生活的细节上。生活细节关系到孩子的喜怒哀乐，也关系到孩子生活、学习、健康的状态，处理孩子生活细节的能力最能表现出一个母亲的生活经验，也能反映出一个母亲对孩子的关爱程度。

因此，要善于把母爱寓于孩子的生活细节之中。作为母亲，要尽量减少那种口头式的母爱。现实生活中，有的母亲对孩子动不动就"我的乖乖""娇娇宝宝"，这并没有什么不好，但过多过滥，会导致孩子任性、娇气等不良习性的产生。

四是多注于失败，少添于成功。孩子在成长过程中，会遇到成功与失败的事，会遇到快乐与痛苦的事，母亲应该怎么对待呢？著名作家郑振铎曾说："成功的时候，谁都是朋友。但只有母亲——她是失败时的伴侣。"这已做出了明确的回答。事实也是这样，孩子在失败、痛苦的时候，最需要关怀，最需要母爱。

比如，当孩子考试没考好的时候，母亲的一个吻、一个微笑、一个拥抱，就会使孩子感到温暖，减轻精神压力，从而受到激励和鞭策，其教育效果远比打骂要好。再如，孩子在事业上受挫，造成财物的损失和身心的伤害。在这种情况下，孩子更需要母爱的抚慰。母亲如果适时给予鼓励和安慰，会使孩子尽快从失败的阴影中走出来，从而振作精神，努力奋发，可能取得新的成功。如果一味地责备，或者没完没了地唠叨，会加重孩子的失落感，可能导致孩子对生活、对人生失去信心，甚至破罐子破摔，这样会毁了孩子的一生。在孩子成功的时候，快乐的时候，母亲也有必要指出孩子的不足，提出严格要求，防止孩子骄傲自满。孩子成功时就给予欢笑和奖励，失败时就施以棍棒和打骂，这是每个母亲要特别注意的问题。

第五节　看见是真爱的前提

申雪翔主任说：

每一个孩子都是这个世界上纯洁的小精灵。孩子在成长的过程中需要爱，需要正确的爱，需要理性的爱，需要科学的爱。

溺爱，既毁孩子，也毁自己。

既然都知道溺爱不好，为什么还有很多父母对此趋之若鹜？

一言蔽之"溺爱"是父母的心理需求，而不是孩子的成长需要。

被溺爱的孩子，和不被爱的孩子，其实本质都一样——没有得到真正的爱。

有人觉得被溺爱一定是件很幸福的事，其实不然，它只是父母的游戏——孤独的自我牺牲。孩子被这种"假爱"吞没后，容易偏向两个极端，一个是成为"家庭吸血鬼"，另一个是被溺爱控制，活成"爱恨纠结体"。

我曾看过一个漫画，很讽刺，很压抑，但也很真实。

男主是个"巨婴"。

赤裸着半身，大喊一句"妈"，然后，妈妈就帮他把衣服穿上。

剃胡须也让妈妈动手。吃饭全靠妈妈喂，"巨婴"只负责打游戏。

而爸爸呢，除了负责掏钱，好像家里的一切都与他无关。

不幸的是，有一天爸爸遇上车祸，去世了。

家里唯一的经济支柱倒下了。

没多久，家里陷入窘境。

妈妈不得已开始变卖家具，以满足"巨婴"的需求。

一次，"巨婴"在电视上看到一个 VR 产品，便大喊一句："妈，给我买这个！"

但这一次，妈妈无奈地摇了摇头。

一刹那，画面突然跳回到十几年前。

"巨婴"还不是巨婴，只是个小小孩。

一看到电视里有新玩意，手一指，叫一声"妈妈"，然后，妈妈就满足他。

不管多贵，也不管是否合理。

那时候的爸爸还是一样，从来都只负责掏钱。

十几年过去了，爸爸走了，但小小孩，还是"小小孩"。

"巨婴"因为没买到 VR 产品，便非常生气地把遥控器摔了。

这时，妈妈哼起了童谣，希望用这种方式安抚儿子的情绪。

但"巨婴"的反应可想而知。

妈妈叹了口气，将手嵌入自己体内，然后掏出血淋淋的肾脏，送到儿子面前。

"巨婴"一看，大喜，立刻拿去换钱找乐子。

可没多久，肾换来的钱，也给败光了。

他摸了摸咕隆咕隆的肚子，想喊妈妈，却发现，妈妈早已咽气。

他把家里翻了个底朝天，也没找到能填肚子的东西。

最终，"巨婴"不堪饥饿的折磨，扒开妈妈的伤口，重新钻回她的肚子，再次成为一个婴儿。

真是个脑洞大开的作品。

它赤裸裸地呈现出一个现象：溺爱，既毁孩子，也毁自己。

其实每个人潜意识里，都住着一个"内在小孩"。父母在真实世界里如何对待孩子，基本上取决于"内在小孩"向外的投射。

如果一个妈妈的"内在小孩"是充满爱的，那她自然就会看见孩子的真正需求，并且恰当地满足孩子的需求。如果这个"内在小孩"是缺爱的，在某些方面

为母则刚

相当匮乏，那她就会把这个"匮乏部分"，全然投射给真实世界的孩子。

假如你小时候经常被虐待，被忽视，这种不幸的童年，就形成了你"内在的缺爱小孩"。

你当了妈妈后，你看见孩子就有一种付出欲，恨不得什么都帮他完成，感觉怎么爱都不够——也就是所谓的溺爱。

你会有强烈的牺牲感：我真是一个伟大的妈妈！其实，自己为孩子所做的都是为了满足自己"内在的缺爱小孩"罢了。

好友李雪就曾与我分享过她的童年经历。

小时候，妈妈很溺爱她。当然，这是亲戚、邻居说的，并非她的真实感受。因为那时，她每次想自己洗衣服，妈妈就来一句："你洗不干净，还浪费水，还是我给你洗吧。"

一起去超市购物，她明明挑得差不多了，妈妈却一股脑儿塞给她一堆昂贵的零食。妈妈生病了，她试着关心，结果得到的回应是："没事，学习第一，你看书去吧。"

可要是她真看书去了，妈妈又会唠叨一句："还真是个白眼狼。"

后来李雪发现，其实妈妈内心极度缺爱，所以才会通过牺牲自己来过度满足女儿。而这种一味地付出，也在间接地满足妈妈"内在的缺爱小孩"。

至于孩子的真实体验，只有束缚，没有爱。

被溺爱的孩子，和不被爱的孩子，其实本质都一样——没有得到真正的爱。我们觉得被溺爱一定是件很幸福的事，其实不然。它只是父母的游戏——孤独的自我牺牲。孩子被这种"假爱"吞没后，往往会偏向两个极端。一个是成为"家庭吸血鬼"，比如上面的那个"巨婴"。其实任何孩子，都渴望自由意志以及精神独立。但有的妈妈不希望自己的孩子拥有自由意志与精神独立。妈妈的真实想法是：宝宝不能离开我，这样我就可以永远付出，永远享受伟大的牺牲感了！最终，孩子连基本的意志都没有形成，自然做事无定力，当"吸血鬼"也不知廉耻。另一个是被溺爱控制，活成"爱恨纠结体"。更多的人，成为后者。

任何爱都是功利性的。溺爱就更别说了，它暗藏的终极目的就是控制孩子，让孩子按父母的意愿行事。

而孩子，大都选择服从——毕竟父母付出那么多，如果自己违背父母的意愿，会内疚不已。

这一点，在妈宝男身上就体现得淋漓尽致。妈宝男的口头禅是："我妈养我多不容易啊！你就不能孝顺她一点吗？"其实，妈宝男内心非常痛苦。他既爱妈妈又恨妈妈。爱，大都源于愧疚。恨，是因为妈妈的控制，以及他渴望自由而不得。由此来看，"溺爱"是不是毁人的？

心理学家曾奇峰写过一个事，一个妈妈追着孩子喂饭。曾奇峰说："孩子这么大，不用妈妈喂了。""我孩子挑食，我不喂啊，真怕他饿坏了。""放心，要是哪个物种连饿了都不知道吃东西，早灭绝了。"

几经劝说，这位妈妈决定试一试。果然，不到一个月，孩子不但能自己吃饭，还不挑食，什么都尝尝，妈妈有一种终于解放的感觉。而这时，妈妈反而流露出一丝焦虑，总觉不妥。看，这就是在玩"自己满足自己"的牺牲游戏。

沉浸在这种伟大的牺牲感里，自然无法看见孩子对独立意志的渴望。父母想走出"自己满足自己"的这个困境，最直接的办法就是向外观察，以及向内觉知。

向外观察：孩子的真实需求是什么？他想要什么样的成长体验？正如心理学家李雪所言：爱是如他所是，而非如你所愿。

向内觉知：拿自己的童年与孩子的现在做比较，问自己，我究竟是在满足谁？买一大堆玩具，到底是"我"想要，还是孩子想要？只有区分出这些，才能真正看见一个孩子的所思所感。而看见，是一切真爱的前提。

为母则刚

第六节　任劳任怨并非天性

申雪翔主任说：

孩子的第一任老师永远是父母。当你成为一个逃避养育孩子，把养育孩子的责任推向自己的爸爸妈妈或公公婆婆的时候，那么你养育出来的孩子很难成为一个具有责任感、敢于承担责任的人。

同时，父母现在怎样对待孩子，孩子以后就会怎样对待父母。一个得不到父母陪伴及充分关心爱护的孩子，老人带得再精心，物质条件再丰裕，内心也会缺乏安全感、信任感、方向感，这种缺失可能影响孩子一辈子。

然而，在那些逍遥自在的父母看来，养育孩子这样天经地义的事，离他们越来越远！他们中的很多人，小时候可能尽享父母的溺爱恩宠，而今自己有孩子了，却依然任性地活在自己的世界里。

愿天下父母都担起应尽的责任，愿天下孩子都露出灿烂的笑脸。

父母聚在一起，经常会聊起养育孩子的事。有人把宝爸宝妈分成两种，立刻引起大家的共鸣。一种是具有牺牲奉献精神的传统派，为了孩子，肯于劳心劳肝，不怕吃苦受累；另一种是只顾自己的新潮派，孩子生出来了就扔给老人，自己逍遥自在。生活很复杂，这种分法难免绝对。

不说别的，多少父母疏于照顾孩子，是因为生存的压力或者岗位的特殊；多少父母以爱的名义把自己和孩子捆在一起，反倒给孩子更大的伤害。

但不可否认，这种分法精准地刻画出了处于极端状态下的两种父母，很具有

第三章 爱是蜕变，不是忍受

代表性。

跑妈和一个老乡聊天，她们都是8岁孩子的妈妈，但与跑妈短发及肩、素面朝天不同，那个妈妈略施粉黛，长发披肩，一身考究的衣服，显得比跑妈年轻好几岁。

回来后跑妈跟我讲，人家生完孩子就把孩子扔给父母了，自己该工作工作、该玩玩，很少带孩子。为保持好体型，一口奶都没喂过孩子。

而跑妈自己呢？一天到晚跟孩子在一起，带完老大带老二，现在还是全职妈妈。

那天剪一头短发回来，一问原因，长头发没空打理！

同样是妈妈，差距咋就这么大呢？难道是跑妈傻？

不是，根源在于所图不同。跑妈多为孩子考虑。

那天，跑妈去接女儿。刚出校门，女儿就欢喜地告诉她，几门小考，自己都是100分。

她想奖励一下女儿，女儿却说，她什么都不要，只要妈妈不那么疲惫！

跑妈跟我说，听到这句话，她强忍住眼泪，感觉之前付出的一切都值了！

说心里话，我又何尝不想活得更舒服一些，但有这样的好老婆、好女儿，除了庆幸与骄傲，我还必须担起一个顶梁柱的责任。

我把我们的这种活法叫作先难后易、先苦后甜。

我相信，就跟能量守恒一样，对大多家庭、大多个人来讲，前面困难多了一些，后面可能就顺当多一些；前面苦多一些，后面可能就甜多一些。

当然，这里也有艺术和方法问题。那些只生不养或只养不育的父母，难道内心就没有一点儿不安吗？

《朗读者》中一个几个月大就因意外而失聪的青年，朗读着冰心的作品《不为什么》，而他的妈妈，让他从小就上普通学校，陪他从小学读到大学，陪了整整16年。

节目太感人了，我们全家一边看一边哭。

"有一次，幼小的我，忽然走到母亲面前，仰着脸问：'妈妈，你到底为什么爱我？'母亲放下针线，用她的面额，抵住我的前额，温柔地，不迟疑地说：'不为

为母则刚

什么——只因你是我的女儿！"朴实的一句话，道出了多少为人父母者对孩子的心声！爱儿女，就是这样天经地义、自然而然！

然而，在那些逍遥自在的父母看来，这样天经地义的事，离他们是越来越远！他们中的很多人，小时候可能尽享父母的溺爱恩宠，而今自己有孩子了，却依然任性地活在自己的世界里。

可悲了他们的父母，终于又亲尝溺爱的果实；可怜了他们的孩子，嘴里含着金汤匙又如何，内心更多的是伤痕和孤寂。不知这样的对比可否触动更多迷失的父母。

愿天下父母都担起应尽的责任，愿天下孩子都露出灿烂的笑脸。

第七节　孕吐体验

申雪翔主任说：

孕吐其实是孩子对你的反馈，在告诉你："妈妈，我很健康。"因为激素水平高所以才会有孕吐的反应，这其实是胎儿健康的象征。同时，孕吐也是胎儿自我保护的一种机制，胎儿在以这种方式提醒你，要注意饮食，保持良好的生活习惯，不要去危险的地方，要心情愉悦。

孕吐还存在着这样一种情况：当你心情烦躁，甚至排斥体内的胎儿时，胎儿就会以孕吐的方式与你对抗，提醒你：接纳他、包容他、善待他、喜欢他。

一定要相信能量场：你对我好，我才会对你好。

面对孕吐，你需要做的是放松心情、选择接纳、真诚拥抱你的天使，因为，在此时此刻，你是他唯一的依靠。

但是也应该注意，当孕吐过于严重时，要积极地找寻专业机构的帮助。

从备孕到怀孕，准妈妈的身体会发生一系列神奇的变化，这一切往往发生得非常迅速，常常令准妈妈措手不及。孕吐就是绝大多数准妈妈的必有体验。

有数据显示，大部分的孕妇会出现不同程度的恶心，其中一半的孕妇会出现孕吐的症状，少数孕妇还会出现妊娠剧吐。大多数轻微呕吐并不会对孕妇或胎儿的健康造成影响，也正因为这样，深受孕吐折磨的准妈妈，常常只会奉行死扛政策，坚持吃完了吐、吐完了吃的原则，除了难受还是难受。

但其实，你的死扛未必会换来宝宝的健康。当孕吐严重到一定程度的时候，就不能死扛了，而是要寻求专业机构或人员的帮助，比如，呕吐次数每天大于3次，吃啥都吐，喝不下东西，体重减轻5%以上。在这种情况下，准妈妈就得赶紧去医院就诊，继续死扛不仅会对自己的身体健康造成损害，严重时，很可能会终止妊娠。

孕吐是很多孕妈妈都有过的经历，但26岁的小英（化名）怀孕期间吐到怀疑人生，一个多月暴瘦10斤，差点失去肚子里的宝宝。对有不孕病史的她来说，这个宝宝极其珍贵，夫妻俩不想放弃。最后，他们抱着最后的希望来到了医院治疗。

吃什么、吐什么，虚弱到只能卧床。小英从妊娠6周起便开始了恶心呕吐，本以为只是正常的孕吐，没想到越来越严重，到怀孕9周的时候已经到了吃什么吐什么的地步，无法正常进食，只能住院。在当地医院接受了11天的补液支持治疗和止吐治疗后，小英情况好转出了院。但回家后，她的病情突然加重，没过几天，小英再次出现了严重的恶心呕吐。亲戚朋友都说这是正常的孕吐反应，让她在家好好休息就行。但她吐得一天比一天厉害，最后连进食都困难，虚弱到只能卧床。一个多月的时间里，她的体重下降了足足10斤！

夫妻俩再次来到医院就诊，此时小英的血清肌酐已经一路飙升到了835μmol/L（正常范围：41~73μmol/L），考虑为急性肾功能衰竭。入院治疗后，血清肌酐水平依旧维持在高位水平（200μmol/L以上），医生建议终止妊娠。但小英曾有不孕病史，这个宝宝来之不易，如果宝宝没了，这个家庭恐怕也难以为继。夫妻俩不愿放弃，拒绝了终止妊娠的建议。

小英坚持保胎，医生保驾护航。小英到达医院急诊科就诊的时候，已经出现了神志淡漠、嗜睡的情况，只能虚弱地躺在床上，连翻身都极其困难。医生询问病情的时候，小英只是勉强回应。经过详细问诊和查体，医生初步诊断为妊娠剧吐，急性肾衰竭，呼吸性酸中毒合并代谢性酸中毒，Wernicke脑病（韦尼克脑病）待排。

医生的建议为，终止妊娠是最有效也最直接的治疗方案，如果继续保胎，谁也无法预测将来小英的肝肾功能能否抗住挑战，万一肾脏全线崩溃，可能需要进行肾脏透析甚至肾移植。但小英的丈夫恳求医生："赵主任，只要有一线希望，我们还是想保住小孩。"眼神里充满了为人父的渴望。

医者父母心，只要没有绝对的保胎禁忌证，医生怎么忍心拒绝小英夫妇想生孩子的基本诉求呢？

经过治疗，小英的情况渐渐好转起来。从卧病在床到下地活动，从神志淡漠、对答困难到清晰对答，从完全肠外营养支持到正常进食，小英逐渐恢复健康。出院前，小英已经可以和正常人一样进食了。医生查房时也能跟医生有说有笑地互动了。最终，小英顺利分娩一健康女婴。

一眨眼，"95后"已经加入了生育养娃大军，孕妈妈几乎避不开妊娠的第一个挑战——早孕反应。一大早起来就开始吐吐吐，整天没有食欲，动不动就恶心，吃进去的也都吐出来，家属看着干着急。既然孕吐是孕期难以避免的，那么就需要各位美丽的孕妈妈去认识它，想办法缓解它。

什么是孕吐

孕吐是早期妊娠的普遍反应，怀孕后人体内的血清人类绒毛膜促性腺激素（HCG）水平升高，刺激机体产生呕吐反应。激素水平越高，呕吐越严重，这是一个正常的生理过程。

绝大多数的时候，孕吐不会影响孕妈妈和胎儿的健康。但是，一些严重的孕吐，可能会引起孕妈妈体重明显下降、脱水等，需要及时去医院治疗。

孕吐是一种自我保护机制。大部分孕妈妈有轻度呕吐的情况。孕吐是一种正常的早孕反应，孕妈妈不能阻止和预防它的发生。

孕吐是胎儿的自卫是一个很流行的说法。这个说法暗含的意思是，还未出生的胚胎毕竟与成人不同，对孕妈妈摄入的食物非常敏感，如果孕妈妈吃进去的东西不合胎儿的胃口或者不能耐受，胎儿就会识别为"胚胎毒性物质"，于是就会闹小情绪，就像成人吃到不干净、不喜欢的东西会呕吐的原理一样。让孕妇恶心、呕吐、厌食就成了胎儿"抗拒食物、保护自己"的好办法，这样也能有效避免胎儿畸形甚至流产。

但这只是一种猜想，目前并没有定论。从临床观察来看，孕吐出现和消失的时间与孕妇的HCG水平波动的时间一致，所以医生也会用孕期体内激素水平波动来解释孕吐。另外，如果孕妈妈精神过度紧张、焦虑也会引发孕吐。鉴于目前的医疗技术，人们倾向于认为孕吐是多因素造成的，胎儿自卫、激素变化、精神因素等说法可能都有一定的道理。

那遇到孕吐该怎么办呢？医生建议，首先要放松心情、注意休息、少食多餐、清淡饮食，避免接触诱发呕吐的气味、食物或者添加剂。其次要注意补充维生素，推荐服用复合维生素。据说还可以含服姜片，或是喝一小杯可乐缓解孕吐。

孕吐会影响宝宝的健康吗

很多孕妈妈担心呕吐会伤害到宝宝，或者宝宝的营养跟不上。其实，虽然呕吐和干呕会拉伸到一些腹部肌肉，但是呕吐的物理运动不会伤害到宝宝，因为宝宝被羊膜和羊水包裹，被保护得好好的。而且，孕吐一般发生在孕早期，这期间，宝宝还非常小，并不需要太多营养，妈妈身体里原先储存的营养就够宝宝成长发育了，所以轻度呕吐不会影响宝宝的生长发育。

什么时候去医院

大部分孕妈妈在孕早期是轻度呕吐，不需要特别处理，妊娠14周以后呕吐症状会逐渐减轻。当孕妈妈体重下降特别明显，或出现严重的电解质紊乱和严重的脱水，如极度疲倦、尿量明显减少、口唇干裂、皮肤干燥、眼球下陷等情况时，必须去医院进行治疗。如果不及时去医院治疗，有可能发生休克、肝衰竭，甚至死亡的情况。

如何缓解孕吐

对于孕妈妈来说，保持心情愉悦绝对是治疗孕吐的一剂良药。孕妈妈每天保持积极乐观的心态，心情放轻松，症状会轻很多。心理压力过大，孕妈妈的妊娠反应会更加严重。同时，孕妈妈要充分认识到孕吐属于正常现象，只要在正常范围内，都不会对宝宝造成不良影响。多了解一些相应的科学知识，多与周围的孕妈妈进行交流，相互学习，减轻心理压力。也可以多和自己的产检医生进行交流，把情况告诉医生，看看有没有必要进行相应的孕吐治疗。孕妈妈的家人可以想办法分散她的注意力。

调整饮食，少食多餐。在孕早期（特别是前3个月）宝宝生长比较缓慢，一般不需要太多的营养。对于食物，孕妈妈可以根据自己的喜好想吃就吃，不想吃就不吃，不要吃那些你觉得会引起恶心、呕吐的食物。少食多餐，多喝水。如果不喜欢喝白水，可以适量尝试柠檬水、姜茶、淡绿茶、清汤、稀释的果汁等。

孕妈妈还要多吃富含维生素的食物。适当准备一些小零食，例如将苏打饼干、话梅等放在床边，可以在早起最容易恶心、呕吐的时候吃。

尽可能避免接触刺激性的气味，最好让孕妈妈远离厨房、远离二手烟等，以免加重其不适反应。

疲劳过度，睡眠不足，也容易引发孕吐。孕妈妈一定要保证充足的睡眠，这样才会有足够的体力面对孕吐。

不少孕妈妈由于孕吐整天吃不下饭，心情烦躁，体力欠佳，更不愿意运动。其实这么做是不对的，不能因为恶心、呕吐就整日卧床，这样反而会加重早孕反应。运动可以促进肠道蠕动，增强食欲，促进排气、排便。如果活动太少，恶心、食欲不佳、倦怠等症状就会更为严重，甚至可能出现肠梗阻。适当参加一些轻缓的活动，比如散步、游泳、瑜伽等，都可以改善心情，减轻早孕反应。

宽松舒适的衣着，不束缚孕妈妈的腹部，可减轻孕妈妈的腹部压力。随着怀孕时间的延长，子宫越来越大，会向下挤压膀胱，也会向上挤压胃部，使得胃内容积变小，稍微多吃就会反胃、恶心、呕吐。如果这个时候再穿紧身的衣服，腹部向上挤压得会更明显，更加容易发生孕吐。

由此来讲，孕妈妈想要减少孕吐，首先要对它有一个全面而正确的认识，能够正确对待它，每天保持愉悦的心情，调整饮食结构，少食多餐，保证摄入足够的水分，远离油烟等刺激性气味，有一个良好的环境；早上孕吐的时候可以吃一两片饼干；早睡早起保证充足的睡眠；穿着舒适宽松的衣服。如果这些能够面面俱到的话，孕吐并不难克服。

药物也可以缓解孕吐。

一般，轻微的孕吐并不需要药物治疗。如果孕吐反应过于严重，及时向医生求助，在医生的指导下使用一些止吐的药物，以减轻妊娠反应。传统缓解孕吐的药物是维生素B6，但长期过度服用可能让胎儿患上维生素B6依赖症，孕妈妈服用前最好先咨询医生。

如果孕吐特别严重，还可以服用口服补液盐，补充水分和电解质，避免脱水。现在世界卫生组织推荐使用口服补液盐Ⅲ。一包口服补液盐Ⅲ加250ml水，但不能半包加 125ml 水，因为拆分不精确会影响到溶液浓度进而影响疗效。不能往配制好的溶液里添加糖、果汁、牛奶等其他物质。配制好的口服补液盐溶液应在规定时间内服完，注意避免食物、唾液等污染。孕吐虽难熬，但切记不能乱服药。孕妈妈一定不要自行服用一些所谓的"偏方"。动物实验已经证实，平常使用的止吐药曲美布汀、比沙可啶、甲氧氯普胺、地芬尼多等药物具有潜在的致畸作用或是毒性反应。

说了这么多，似乎落了一些人，那些没有孕吐反应的孕妈妈是不是心里开始犯嘀咕了，为什么我没有孕吐反应？孕吐一直被认为是怀孕标配。这导致没有孕吐反应的孕妈妈心里慌慌的：我是不是不正常？但其实，孕吐反应因人而异，"吐"或"不吐"均属正常现象。孕妈妈要做的就是，保持良好的心态，如发现异常，及时去找医生。

想跟所有孕妈妈说，你不是第一个，也不会是最后一个怀孕生孩子的人，孕期的很多问题和症状都是"正常"的"不正常"，也是人类进化中形成的。大家都是这么过来的，绝大多数情况下孩子是好的，你不用担心，担心也改变不了任何事情。越简单，越快乐。不是每朵浪花都为海滩而来，不是每颗星星都为夜幕而来，不是每次细雨都为麦苗而来，但你可爱的宝宝是为你开心幸福而来。所以加油哦，每一位还处于孕吐时期的妈妈！

第八节　母爱不打折

申雪翔主任说：

很多女人身处不幸福的婚姻之中，而又无法摆脱，大多数是为了孩子。她们害怕单亲家庭不利于孩子的成长，担心孩子会怪自己令他们失去父亲。但人生的成长之路有千百种模式，每个人也都有自己的命运轨迹。不是每个人都有机会在父母俱全的环境中长大，也不是每一个父母俱全的人都能顺顺当当长大。如果男人实在糟糕，单亲家庭也不是多坏的选择。

最起码，那种缺憾是看得见的，也是可以弥补的。而所谓完整家庭下的怨憎、绝望、纠缠、冷漠、疏远，是无形的，会造成抵御不住的伤害。你有多幸福，取决于你有多强大，你有多强大，取决于你有多勇敢。女子本弱，为母则刚。

对于单身母亲来说，孩子不是生活的全部，只是爱与职责的一部分，自己的职责还有很多。单身母亲首先要善待自己，不要放弃追求幸福的机会，因为母亲对生活的态度就是孩子成年后对生活的态度。

我一向不赞成糟糕的婚姻却要继续将就，就是因为我看过太多女人忍受男人的缺席，忍受丧偶式的婚姻，理由都是为了孩子。但忍到最后怎么样？依旧是令人心痛的结果。

在童年遭遇情感挫折的孩子会有两种选择：一种是将痛苦外化，变得暴躁和叛逆；另外一种是将痛苦内化，变得压抑和消沉。前者是将自己所遇到的不公正待遇报复给全世界，后者是将自己的遭遇看成是自己的责任。很多单亲家庭的孩子是后者，内化痛苦的他们选择自我攻击，他们会认为是自己不够乖不够好，才不值得父亲爱自己，甚至还可能把父母离婚的责任都揽在自己身上。

作为一个单身母亲，离婚已经是事实，不要觉得对不起孩子，而是应该更加去爱孩子，去引导孩子，教育孩子，消除孩子的心理阴影。

以下几点建议供参考。

一是澄清真相。孩子已经大了，是时候让孩子面对人生的真相了，告诉孩子真相才是对孩子最好的保护。要让孩子知道，不是孩子不够好，而是孩子的父亲自私自利，缺乏责任感，孩子不会得到理想中父亲的爱，但自己作为母亲，会尽力将孩子所缺失的爱补齐。

二是尊重孩子的感受。对于一个孩子来说，父母最伤害自己的做法之一就是无原则地和稀泥。比如，做父亲的对孩子不尽义务，母亲却说："那到底是你的爸爸，我能怎么办，你以后还是要尊重他，对他好……"单身母亲想要保护孩子，就要尊重孩子的感情，孩子可以自由选择出席还是不出席父亲那边的聚会。无论孩子做出什么样的决定，单身母亲都要支持孩子。

三是给予孩子父爱与母爱的双重情感。为什么完整的家庭对于孩子很重要？其实很长时间以来人们都有一个误区：强调的都是完整家庭的外在模式，而忽略了真正的完整是父母能各自履行好自己的职责。所以就制造了很多看起来完整，实际上却千疮百孔，完全不利于孩子成长的家庭。孩子的成长需要父母的爱，而且父母的爱是互有分工的，父母承担着不同的责任。

理想的情况下，母亲代表无条件的爱，母亲爱孩子，不是因为他是谁，能做到什么，而是因为他是自己的孩子。父爱则是有条件的爱，需要孩子靠后天的努力去赢得。这两者对孩子的健康成长都具有重要意义，母爱负责提供安全感，父爱负责提供自信心。一个成熟的人最终能达到这样一点：他既是自己的母亲，又是自己的父亲。

缺失父爱的人，既缺乏了生命中的权威和榜样，又缺失了自信心。如果母亲只顾着溺爱孩子，试图纵容孩子，或者对孩子控制太多，那么这个孩子就会成为一个依赖感特别强的人。

在那些家庭不完整，而孩子能健康成长的案例中，存在这样的规律：父亲或者母亲没有因为离婚而让自己的爱缺席，或者某一个人身兼两职，给予了孩子父亲和母亲双重的角色与情感。作为单身母亲，爱他，既要有母亲的温柔，又要有父亲的权威，既要让孩子得到足够的爱，又要建立培养孩子的自信心，让孩子靠自己的努力去赢得更多的尊重和爱。这样孩子才可以同时拥有软肋和盔甲。

很多单亲妈妈一个人带孩子，会倍感压力。同时，也有一部分单亲妈妈会产生"报复心理"，把期望都寄托在孩子身上，按照自己的规划来塑造孩子，想用孩子的成功来证明自己的成功。但正是这样的偏执想法，让很多单亲家庭的孩子苦不堪言，承担了过多的心理压力，最后造成身心上的伤害。

身为孩子成长的陪伴者，父母的一举一动都影响孩子，父母孝顺自己的父母，孩子看在眼里，自然而然就形成了孝顺观，这是一个水到渠成的过程，完全没有必要特地提醒孩子："我一个人拉扯你长大不容易，你要记住，并且以后要记得回报。"把孝顺当成一种任务，不能说是孝顺，只能说是还债。作为父母，身体力行孝顺观，孩子的孝顺观就会自然形成，不必刻意培养。

当然，单亲家庭的孩子要发展好需要一些条件。带孩子的母亲必须是成熟的人，个性独立、开朗、快乐，并且乐于关照自己的孩子。母亲要有良好的社会身份、不错的经济收入、宽敞的住房，这样容易形成孩子与母亲各自的空间。孩子生长的环境，如社区、幼儿园、小学等不歧视单亲家庭的孩子。离婚的父母彼此宽容，没有相互的怨恨、冷漠与隔绝，双方在孩子面前维持亲情。有一个彼此和睦的、扩大的亲友系统，如孩子喜欢的爷爷、奶奶、姥姥、姥爷、舅舅、阿姨、叔叔等，他们都共同来关注孩子的成长。离家的父亲要保持与孩子的接触，并承担抚养与教育的责任，让孩子知道自己有父亲。

如果上面的几点都具备，孩子的心理发展自然不会出现大的问题。如果缺少其中的一两项，基本上是可以缓冲的，出了问题也容易解决。但如果缺少两项以上，孩子的未来就很难预测。

其实，单亲家庭也有单亲家庭的优势。首先，在教育上更具有一致性，母亲容易轻松地贯彻自己的养育思想，没有旁人来干扰。不用考虑丈夫，母亲对孩子的关爱会更多，可以促使孩子更容易地形成与人的依恋关系，孩子爱与被爱的能力得到发展，自我认同感增强，会觉得自己很重要。更重要的是，稍大一些的孩子有机会反过来关心母亲、照料母亲，这样可以帮助孩子更独立，提升社交能力与助人能力。还有，孩子与母亲容易进行信息交流，不必摇摆在父母之间。

当然，父母离婚有时候也会对孩子产生不利影响，父母在孩子处在不同年龄段离婚对孩子的影响不同。

父母在孩子五岁之前离婚，孩子不容易与母亲完成依恋分离，性格发展可能滞后。原因往往是母亲对孩子的依恋太多，无意识地阻碍了孩子对外部世界的探索。这可以用扩大的亲友系统来缓解，让孩子与爷爷、姥姥、舅舅、阿姨等建立亲情关系，防止母亲的情感占据孩子的全部身心。如果男孩没有父亲的引导，在性别发展上可能会不够男性化，或者，孩子用过度补偿来弥补家庭的男性角色，显得过于男子气。其实，当孩子与母亲发生情绪冲突时，缺乏家庭内部的缓冲力，母亲只能凭借良好的个性渡过难关。

当然，还有社会歧视的问题。许多公众信息过于强化单亲家庭子女的教育困境，不恰当地夸大单亲的危害，使孩子内心留下阴影，结果造成更多的单亲孩子陷入混乱，因此改变公众信息导向可以让单亲孩子的成长更为顺利。和蔼地、自然地告诉孩子父母离婚的事，不会给孩子造成太大的心理伤害，当然孩子可能会有些缺失感，毕竟每个孩子都希望拥有更多的东西。在告知孩子离婚事实的同时，要给孩子适当的保证，说自己非常地爱他，不会离开他，一定会照料好他等。讲故事、做游戏，通过隐喻的方式来让孩子易于接受父母分离是心理学常用的方法。

父母在孩子五岁至九岁离婚，这时如何将这一信息告诉孩子要复杂一些，因为孩子的内心已经有父亲的存在。这时候不要着急，让孩子慢慢接受父亲不再回家的事实，给孩子一些缓冲时间。开始的时候，可以给予孩子一些模糊的信息，不要一下切断孩子内心的期待。用孩子不能理解的话直白地告知，常常会带有母亲的情绪，可能孩子并没有明白发生了什么，却因母亲的情绪感觉害怕，从此不敢提到父亲。

这个时期，孩子的心理发展需要父亲的形象，不要让孩子觉得父亲是被母亲赶出家门的，否则可能给孩子埋下母亲怨恨父亲的种子。由于父亲的缺席，孩子很可能表现得更依恋母亲，会更听话和懂事一些，这是假象，不要沾沾自喜。孩子害怕失去母亲，不得不过多地讨好母亲，放弃了自己应该有的兴趣和个性发展。

很多母亲希望对孩子更好以便补偿孩子，却使孩子更多地失去自我空间，结果更糟。离婚的父亲要保持与五岁至九岁孩子的密切接触，让孩子感觉他实际上并没有失去什么，只是父母不再生活在一起而已。

父母在孩子十岁以后离婚。

想隐瞒十岁以上的孩子是很难的。事实上，这个时期的孩子对父母的离婚会有自己的想法，会偏向一边而把愤怒投向另一边，主动地卷入父母的离婚之中。父母最好彼此补台，不要让孩子觉得是因为他才离婚的，不要让孩子产生抑郁、自卑、敌意、逆反等情绪。心理医生不太认同美丽的谎言，谎言对五岁的孩子也许有效，对十岁以上的孩子就会适得其反，孩子会觉得被欺骗。坦诚地告知是可取的，不过母亲不能流露悲伤情绪或对前夫的愤怒，这样的告知会给孩子的内心带来阴影。母亲要先修补好自己的创伤，等自己可以平静地接受离婚时，再告诉孩子会更安全一些。

如何把离婚告诉孩子？态度坦诚平和，重要的不是说什么，而是用什么情绪说。让孩子感觉离婚后的父母更开心幸福，自己也更被关心。事实上这点很难做到，中国主流文化对离婚仍然是否定的。所以，这一点不要说得过火，要用行动让孩子感觉到。

不要让孩子卷入离婚事件。比如，说离婚是因为他太淘气，或父亲觉得母亲没有教好他，等等。这样的话会给孩子内心留下永久的伤痛，甚至无法再信任亲人。另外，如果母亲还年轻，努力寻找合适的对象再婚是积极生活态度的体现，孩子很小的时候比较容易接纳新来者，七八岁以后就困难一些，十二岁以后基本不愿意融入新结合的家庭。母亲应该争取在孩子五岁前把自己嫁出去，这样更容易重获一个温馨的家庭，因为孩子接受起来要容易许多。

为母则刚

第九节　母爱的温度

申雪翔主任说：

母爱的温度，一定是适宜的温热，而不是过度保护的燥热。

孩子不是笼子里的小鸟，即便是在寒冷的冬天，父母都不能剥夺孩子外出活动的权利。

很多家长都有这样的一个思维误区，孩子待在暖和的环境下，身体才安全。

其实，冬季没有我们想象的那么可怕，孩子的身体也没有我们认为的那么脆弱，这就是我们小时候即使数九寒天也跑出去玩，但身体依旧健康的原因。

养大一个孩子真的是太不容易了。尤其是宝宝生病的时候，父母的心仿佛悬在刀尖上，丝毫不敢放松。

都说母子连心，孩子半夜发烧母亲总会突然醒过来，照顾发烧的孩子，一刻也不敢放松，无休止地物理降温，按时喂药，心里更是满满的担心。等到孩子好起来的时候，才发现自己累得马上就要倒下了。

从孩子生下来那一刻起，就注定家长会有无尽的经济支出和精力支出，育儿是一个长期且煎熬的过程，让很多家长苦不堪言。

但是为了孩子能够健康茁壮地成长，家长表示，即使再辛苦也是值得的。可让人无奈的是，再怎么悉心照顾孩子，还是总生病。

在冬天，不要觉得天气冷就不带孩子出门，而选择每天宅在家里。这样的操作只会让孩子如同温室里的花朵一般，经不起任何风吹雨打，免疫力越来越差，身体没有问题是不可能的。

当然，外出要注意做好防护。

外出要选择天气好的时候，装备要齐全，衣着要适当。例如，说孩子的鞋子最好是防滑的，衣服要暖和一些，太冷的天气还要给孩子戴帽子和手套。这样就能让孩子放心大胆地活动了。

冬天也要注意开窗通风，不然室内的空气会太污浊，且会滋生细菌。通风之后人也会清爽许多。

家长总是给孩子穿很多的衣服，认为这样就不会感冒了。可事实上穿的衣服越多，孩子越容易感冒，因为穿得厚，孩子爱出汗，出汗后一见风就容易感冒。所以，衣服厚度合理就行。

要用温水给孩子洗脸。水温不是越高越好，水温太高孩子可能烫伤孩子稚嫩的皮肤，合适的温度能促进孩子的血液循环，皮肤也能承受住。

在冬季为孩子担心的家长并不在少数，但不管怎么样，家长都要有正确的认知，不要过分保护孩子。

第十节 母亲的"凶与狠"

申雪翔主任说：

孩子在学习和成长中碰到的所有困难，其实都是未来生活的预演，只不过，在长大后，放弃、失败的代价要大得多。如果不想让孩子长大后后悔，父母就要承担起责任，走在前面，成为孩子的引路人。

孩子终有一天要离开父母，在此之前，要让孩子学会打理自己。做家务，不仅有助于孩子独立自理，还能增强孩子对家庭的责任感，让孩子更有担当。哈佛大学一项长达20年的研究表明，爱做家务的孩子跟不爱做家务的相比，就业率为15:1，收入比后者高20%，而且婚姻更幸福。孩子在四五岁的时候就应该学会自己整理衣物、书包，学习洗菜、擦桌子了。但有很多孩子上了小学依然饭来张口、衣来伸手。让一年级的孩子学会整理自己的物品向来是很多老师头疼的事情。要想孩子成为精英，让他做家务是必不可少的，而保姆式的一切代办型家长，最终只会毁了孩子。

很多父母一面抱怨孩子没主见，一面却要求孩子听从自己。这种做法自相矛盾，好比把孩子关在笼子里，却要求他能飞上蓝天。所以说，不要总对孩子指手画脚。

有一种"凶"饱含着的是源于心底的爱意，有一种"狠"隐藏着的是发自心底的柔情。有一种母爱，不敢以真面目示人，怕这有期限的爱换来的是孩子无限的痛。父母当然爱自己的孩子，愿意用一切来换取孩子的无忧无虑、快乐健康，

第三章 爱是蜕变，不是忍受

但，孩子不可能一辈子依赖父母，终有一天孩子会脱离父母的羽翼飞向天空、经历风雨。如果父母在培养孩子的过程中狠不下心，那么可能会断送孩子的美好前程。教育孩子要趁早，别等孩子长大了，让社会大家庭来替父母教育孩子。

有人说中国孩子是被人喂大的。我见过太多的家长，特别是祖父祖母，总是担心孩子吃不饱，恨不得替孩子吃饭。也有爸爸妈妈嫌孩子自己吃饭又脏又麻烦，看到孩子吃饭笨手笨脚的，索性就一喂了之。但是，如此一来，不仅剥夺了孩子自我探索、成长和独立进食的乐趣，也无法培养起孩子对于食物的敬畏之心。很多妈妈抱怨自己的孩子上了幼儿园还不能好好吃饭，归根结底，是自己惯出来的。

曾在一个家长群看到，几个妈妈为了孩子多大应该自己穿衣服争得不可开交。好多妈妈觉得，在孩子上小班之前，让孩子自己穿衣服是根本做不到的事情。而穿套头衫一类复杂的衣服，有些孩子上中班以后才开始慢慢学会。但其实两岁多的孩子就能够穿戴简单的衣物了，孩子不会，只是因为家长不愿让孩子尝试、犯错。

告诉孩子：自己的事情自己做。家长不是孩子的保姆，家长不欠孩子什么。让孩子自己的事情自己做，说了多少年，但是就是有家长狠不下心来实践。家长总是希望孩子能够尊重长辈，但是如果家长天天只做保姆的工作，孩子如何能够升起尊敬之心呢？家长把孩子当公主王子，孩子把家长当奴仆佣人，现实中这样的例子还少吗？娇养的独生子女很容易跟小朋友起摩擦，家长尽量别插手，让孩子自己学会交朋友。

在幼儿园门口，有一个孩子不小心踩坏了另一个孩子的玩具。犯错的孩子小声地说了一句对不起，但另一个孩子依然难受地大哭起来。这时候一边的家长不干了："你这个小坏蛋，弄坏我们家东西，赔！"另一个家长也不甘示弱："你那么凶干什么，我们都说了对不起了！""说对不起有用吗？你会教孩子吗？""赔就赔！又不是赔不起，那么凶，没教养！"家长闹得不可开交，可两个孩子却早就被老师带到一边，嘻嘻哈哈玩到一起了。

有的时候，孩子之间的事情就交给孩子自己去解决，不要总担心孩子受欺负受委屈，这也是锻炼孩子人际交往能力千载难逢的机会。

不要总对孩子指手画脚。

为母则刚

我家孩子去参加绘画班的公开课,旁边坐了一个四五岁的小朋友。老师让大家填色,但是对那个小朋友来说,填色并不容易,老是画到线条外面去。尽管孩子画得挺开心,但是一旁的妈妈急坏了,"宝贝,听妈妈的话,用红色好看。""你看你,又画到外面去了!这个地方妈妈帮你画。"看样子她恨不得亲自上阵帮孩子画。但这位妈妈没有想到,她不让孩子犯错的同时,也让孩子失去了成长的机会。

如果孩子探索的过程一再被打断,父母无时无刻不在孩子旁边指指点点,那么孩子永远无法自己掌握学习的能力。

读万卷书,行万里路,大自然是孩子最好的老师,是孩子取之不尽用之不竭的知识宝库。为什么现在的孩子特别容易生病?因为他们离大自然太远了。天天宅在家里,面对钢筋水泥的丛林,如何能够健康成长呢?有机会,家长要多带着孩子去大自然中撒野,让孩子成为野地中绽放的野玫瑰!

不要惧怕孩子跌倒,让孩子受点挫折吃点苦,才是对孩子最好的祝福。跌倒了自己爬起来,人生哪能一帆风顺?每一次跌倒、每一次犯错都是孩子成长的机会。让孩子从中反思自己为什么会摔倒,让孩子学会如何自己站起来,孩子才会知道如何避免犯错,才会在长大后不畏挫折。家长总是帮助孩子寻找借口,让孩子把责任推卸给别人,孩子如何成才呢?

不要禁锢孩子的好奇心,给孩子的想象力插上翅膀,可能是下一个天才。不准做这个,不准做那个,是好多妈妈的口头禅。殊不如,这些口头禅很可能会禁锢孩子的好奇心。有些妈妈为了不让孩子弄脏衣服,会阻止孩子做很多事。事实是,孩子探索未知世界的好奇心,比一件干净的衣服重要得多。衣服脏了可以洗,但是禁锢了孩子的好奇心就再也无法挽回了。孩子需要用心、用身体、用行动去探索世界,然后才会爱上这个世界,进而富有激情地活着!

爱孩子,就要学会放手。温室里长不出参天大树,孩子终要自己学会面对一切!有远见的父母,都狠得下心来。凶狠的母爱,这是怎样一种深沉的母爱呢?让所有的深情化装成了狰狞的面容,而背后隐藏的深深牵挂让人心酸和动容。

每一个深明大义的母亲也许都有这种心态:吃过苦的孩子,日后再吃苦将不觉得苦,但若吃到甜头必定感到非常幸福;反之,从小养尊处优的孩子,往往身在福中不知福,一旦吃到苦,必定苦上心头难以忍受。

孩子在学习和成长中碰到的所有困难,其实都是未来生活的预演,只不过,在长大后,放弃、失败的代价要大得多。如果不想让孩子长大后后悔,父母就要承担起责任，走在前面，成为孩子的引路人。告诉孩子，如果在人生的早期不好好学习，那么长大之后必然会后悔。在孩子想要放弃某项学习的时候，对他说一声："孩子，再坚持一下，我陪着你。"

家长应做的，就是帮助孩子在不断的探索中，发掘自身的特长，将自己身上的闪光点，不断地放大、再放大。

如果你15岁觉得游泳难，放弃游泳，18岁遇到一个你喜欢的人约你游泳，你只好说我不会；18岁觉得英文难，放弃英文，28岁出现一个很棒但要会英文的工作，你只好说我不会；人生前期越嫌麻烦，越懒得学，后期就越可能错过让你动心的人和事，错过新风景。

如果家长不狠下心，逼孩子学会"七十二变"，以后又有谁会一生陪在孩子身边，帮孩子挡住"八十一难"呢？坚持也许并不容易，放弃却轻而易举；但如果学会了坚持，那结果一定不会很差！

母亲，作为孩子的第一监护人，在教育上有着义不容辞的责任。古语云，慈母多败儿，棍棒底下出孝子。前人已经给了通俗易懂的教育理念，只是经常被家长忽视。小的时候，孩子总是怪妈妈太严厉，长大后回头看，会感谢妈妈的严苛，如果没有妈妈的严苛教育，哪有自己的成就。严厉，不是因为严厉本身是好事，而是因为严厉让孩子明白是非，清楚对错。

我并不愿意拿自己的孩子和别人的孩子去对比，可是当我看到别人家的2岁的孩子可以熟练地洗车，自己在家规律地作息时，我就会正视自己孩子的不足，要求孩子向别的孩子看齐。孩子爸爸总说我，别人家的孩子怎么样，我就要孩子怎么样，别人家的孩子去哪里玩了，我就要带孩子去哪里玩。其实我并不是要自己的孩子和别的孩子去竞争什么，而是作为母亲，应该看见自己孩子与同龄孩子的差距，有些差距确实无关紧要，但是有些影响孩子性格的要素，必须正视和调教。如果只是一味任孩子凭自己的喜好去发展，又何来教育一词？

有人说，孩子性格形成的关键时期在3岁前。在这3年里，家长要一如既往地严厉，希望届时孩子能以一个听话的、友好和善的形象上幼儿园，受到老师和同学的喜爱。我相信良性循环和恶性循环，受人喜爱的人会让自己变得更好更受人喜爱，惹人嫌的人会更加隐藏自己变得让人更讨厌。所以，给自己的孩子一个良性循环的开端吧。

在母亲教养幼儿的过程中，大家普遍认可并重视"严厉表达"。但母亲的严厉信念并不必然导致母亲的严厉行为。母亲对幼儿表达严厉的原因和情境主要涉及孩子的认知发展、行为规范、社会性发展以及生活自理方面的问题。母亲表达严厉的方式主要包括惩罚、心理控制以及教导，并呈现出"弱严厉"的特点。

母亲严厉信念的特征集中体现为"关系"取向，母亲重视培养孩子合作、协调的能力。母亲严厉信念的"关系"取向，在一定程度上有利于孩子对自身行为进行规范以及建立与维系与他人之间的关系，但在另一方面，会导致孩子过于关注其他人的反应与看法，不利于孩子情绪的释放与自我表达，影响孩子的自主发展。情境性特点与专制取向是母亲严厉信念"关系"取向的表现。强调父母权威以及孩子的听话顺从的专制取向，不利于孩子的自主探索及独立人格的发展。

正确的严厉也需要规避一些问题。一些母亲对孩子表达严厉时，不论在程度上还是方式上，都存在着一些问题，针对这些问题，研究者提出了相应的建议：

首先，慎用恐吓、威胁等心理控制方式。研究发现，当孩子犯错时，有部分母亲会采用关小黑屋等恐吓、威胁的心理控制方式。这极易对孩子造成心理上的消极影响。父母的心理控制会破坏孩子的自主性发展，阻碍孩子形成安全、积极的自我意识，使孩子有可能表现出更多的问题行为。因此，母亲应避免使用恐吓、威胁等心理控制方式，保护孩子的心理健康。同时，要减少其他心理控制方式的使用，学会倾听孩子的想法与意见，给孩子更多自主成长的空间。

其次，从观念到行为实现真正的平等。大部分母亲表示要平等地对待孩子，崇尚民主平等的亲子关系，但有意无意地会提到孩子"不听话"。很多家长还是习惯以权威命令制止孩子，或隐或显地强调孩子的听话与顺从。母亲不但要从意识上树立民主、平等的观念，更要把这种民主、平等的观念融入与孩子相处中的点点滴滴，同时，反思自身教养方式的方方面面，从观念到行为实现真正的平等。有研究针对父母采用系统的家庭心理教育计划进行家庭心理干预，结果发现利用讲座、参与式培训等方式进行家庭心理干预对于改善父母的教育方式有积极的作用。因此，幼儿园或相关部门可以针对父母的教养方式、如何建立民主平等的亲子关系及严厉表达等问题开展父母工作坊、参与式培训，以促进父母对于自身教养方式的反思，将民主、平等的亲子关系从观念层面真正落实到行为层面。

最后，母亲在强调培养孩子的合作能力的社会化目标的同时，也要重视培养孩子独立自主的社会化目标。中国母亲对孩子严厉的信念展现出了非常典型的"关系"取向，强调孩子对于他人感受的敏感、对于自我情感与行为的克制，以及相互合作与沟通的能力。这些虽然是中国背景下社会化的目标，有利于孩子与他人之间良好关系的建立与维系，但是，这种过度注重他人以及强调情感约束和行为约束的信念，容易压制孩子的情绪及行为，不利于孩子的自主发展。因此，母亲需要在反思的基础上更加注重孩子自身的自主发展，鼓励孩子自我表达，减少对"他人"的过度关注，促进孩子的个性及独立性的自由发展。

总之，母亲要基于不同的原因对孩子采取不同的严厉表达方式，在不同的原因下，学会采取适当的教育方法，并把平等的观念真正落实到教养实践中，学会分析孩子的心理和行为。同时，母亲也要学会认识并积极反思自己的严厉信念和行为，从而不断改进和完善自己的教养方式与实践，这样才能既达到管教的目的，又能最终促进孩子身心的全面健康发展。

第四章

爱是柔软,不是碰撞

为母则刚

第一节　令人发指的爱

郭燕娥院长说：

每一个孩子都是独一无二的，是这个世界上独立的个体，都有他的成长轨迹。孩子一旦脱离母亲，来到这个世界上，他就是独立存在的，不是谁的附属品。

爱孩子就从尊重开始。养育孩子就如按压一块弹簧，当孩子不堪重负的时候，他会选择对抗，父母对孩子施加的压力将会反弹到家庭中，让整个家庭不堪重负。

孩子借助母亲的躯壳来到了这个世界上，他是一个独立存在的个体，他有资格决定自己的人生方向。那么，父母只需要帮他养成好的习惯，做好人生规划，防止他走偏了。就跟照顾小树一样，简单地修剪掉多余的枝杈就可以了。从现在开始，父母要做有爱心的园丁，修剪花圃里的花花草草，而不要当一个巨大的温室，将孩子禁锢在里面。

不经历风雨怎能见彩虹，父母永远无法也无权代替孩子成长。

父母总把孩子视为自己的希望，不少家长会把自己的想法强加给孩子，甚至希望孩子替自己实现曾经的理想。然而，这种做法往往会限制孩子的发展空间，给孩子的成长带来不利影响。

一项调查中，大部分受访青年坦言，在成长的过程中，父母把他们的想法强加给自己。尤其是在学习方面，父母最容易把想法强加给孩子。

第四章 爱是柔软，不是碰撞

韩莹（化名）在江苏连云港做教师，她坦言，父母总想让她按照他们的想法生活。"我去年找工作时，父母觉得我现在的工作稳定，适合女孩子。但我并不这么想，完全是为了他们才选择了现在的工作。"

在北京某事业单位工作的黄云（化名）回忆说，他几乎就是按照父母设定的路线长大的。"我爸是重点学校毕业的，所以我从小到大听得最多的，就是考个好大学有多重要。我父母觉得只有学习好才是唯一的出路。"

在湖南某高校读大一的林晓（化名）说，他的一个好朋友曾因为选专业的问题，和家人发生了很大争执。他没考好，报志愿时他想学数学，家人却让他选师范专业。那段时期他情绪很低落，最后家人决定让他复读一年再说。

父母容易在学习方面、工作方面、婚恋方面、兴趣爱好方面、生活方式方面和人际沟通方面等把想法强加给孩子。

黄云说自己小时候选兴趣班，也是按照父母的要求选的。"他们觉得女孩子应该文文静静的，就让我学古筝、学书法。我一个同学学国际象棋，我也很想学，觉得这更有意思，我父母就觉得象棋根本不用上兴趣班，自己玩就可以了。"

为何父母会把自己的想法强加给孩子？绝大多数的受访青年认为是家长的管控欲强，认为孩子要按自己设定的路走；一多半的受访青年觉得是因为父母是过来人，希望避免孩子走错路；还有一部分受访青年归因于家长的溺爱，过度关注和保护孩子；少数受访青年指出是因为孩子缺乏自我判断能力，依赖父母。

父母把自己的想法强加给孩子，一方面是源于父母对孩子的认知偏差。有的父母会无意中把孩子当成工具、附属品，他们教育子女时，忽略了孩子是独立的个体，加之代偿心理作祟，就会强化控制欲。另一方面的原因是，在生活中父母认为自己有某种特质，孩子也应该有同样的特质，然后会把自己的感情、意志、特质投射和强加到孩子身上。

大部分受访青年建议父母不要苛求孩子。

"我知道，在父母眼中我们始终都是孩子，但我真的不喜欢他们把想法强加在我身上。"韩莹说，她对未来有自己的规划，而且时代不同了，父母不能用以前的想法来规划现在年轻人的生活。

对于父母强加想法给孩子，超半数受访青年认为这样会导致孩子人格不独立，限制孩子的发展可能，导致孩子的真实需求得不到关注。还有受访青年认为父母把想法强加给孩子的其他影响有：孩子没有主见、孩子过度依赖父母、孩子不能做想做的事情和孩子叛逆等。

　　出于个体存在的本能，父母把自己的想法强加到孩子身上时，孩子将会包裹并封闭住内部那个自由、自在、自主的自己。父母把自己的意愿投射到孩子身上，往往会事与愿违。比如，很多父母希望孩子能够从小依照大人的意愿去学习，然而生活中常见的现象是，孩子不能或者不愿按父母规划好的人生道路走下去。更严重的，就是会让孩子变得屈从而缺乏鲜活的生命力，叛逆，反抗，甚至影响人格塑造。

　　父母应该和孩子好好沟通，了解孩子的想法，可以引导、给建议，但不要事事替孩子决定。

　　对于父母把想法强加给孩子的现象，受访青年建议父母合理设置自己的预期，不要苛求孩子；父母身体力行，给孩子树立榜样，学会适度放手，不要过多干预孩子的成长和选择；多培养孩子的独立意识，让孩子学会为自己负责；多宣传科学健康的家庭教育理念。

　　父母给孩子最好的爱是学会尊重孩子，尊重孩子独特的思想，放手让孩子自己去选择，而不是给孩子找到一条自己认为宽阔平坦的大路，让孩子按部就班地行进。在整个教育过程中，父母需要明白孩子和自己是平等的。父母有权给孩子必要的建议、引导、支持，而孩子同样有权采纳或者拒绝。做到这些，亲子间的矛盾就会少很多。父母绝不能主观地把自己的意志强加给孩子。在非原则性的问题上，父母也不必强求孩子，应该尽量尊重孩子自己的意愿，赏识和尊重孩子的想法。这不仅可以进一步锻炼孩子的思考意识和表达能力，还可以通过倾听孩子的观点，发现和了解孩子的真实想法，从而纠正孩子在成长过程中的一些错误思想。

　　对孩子最好的教育是什么？让孩子成为他自己可能是很多父母的答案。然而，也有一些父母在不经意间把自己的遗憾投射到对孩子的教育上。要么是出于担忧，要么是出于弥补，他们总是控制不住地干涉孩子的生活，而最终可能让孩子成了弥补父母人生遗憾的存在。

　　红红的妈妈是一名普通的公司文员，在她的心里，幼年时期学了却没有坚持下来的小提琴是她最大的执念。妈妈认为，如果当年姥姥能够强硬一点，没有任由自己放弃，那么是不是自己的小提琴梦就已经实现了呢？于是，妈妈在红红五岁的时候就开始让她学小提琴，期望女儿能延续自己的小提琴梦，从此家里就充满了妈妈的怒吼和红红的哭泣。爸爸曾劝妈妈不要给孩子太大压力,妈妈却说:"我小时候就是没压力,可现在呢?"而事实上,红红不是不享受拉琴的过程,只是妈妈的焦虑和偏执给了她极大的心理压力。

父母的人生里难免有各种遗憾,这些遗憾背后存在各种各样的原因,可能是社会、家庭、个人三者结合造成的。当年没有学好的乐器,没有考上的大学,怎么能强行让孩子去帮自己实现呢?

哪些原因促使父母总是想掌控孩子的生活呢?

害怕孩子重复自己的道路。一些父母的出发点是好的,他们在职场和社会打拼之后,发现了自己曾经的不足,走过的弯路等等,并由此产生了不少焦虑。他们急切地想把孩子引入"正途",避免孩子犯错。这种心情值得理解,然而,并不可取,因为父母的焦虑可能最终把孩子也拖入焦虑的深渊之中。

把孩子看成自己的附属品。有的父母完全出于对孩子的控制。尤其在中国传统教育中,父母是天生的权威者,孩子对待父母最好要俯首帖耳,孩子的意愿和想法通常倍受压制。这类父母把孩子看成自己的附属品,如果孩子不按自己的想法做事就是孩子不孝顺。

不信任孩子有独立的能力。这类父母通常过度溺爱孩子,始终把孩子当成怀中的宝宝。他们最常说的话是"他还是个孩子嘛"。他们认为自己累一点没关系,但孩子不能受苦。如果自己能帮孩子安排好每一条道路,孩子按着被安排好的路去走是最佳的选择。保护孩子不经受风吹雨淋,在他们眼里是对孩子付出的最深的爱。

然而,值得指出的是,人的思想是不可复制的,孩子不能照搬父母的经验,也不能完全理解父母的想法。如果父母不能清醒地认识到这一点,非要强加给孩子一些过度的"爱",那么只会给孩子造成不小的伤害。

具体来说,父母强加给孩子的"爱",会带来哪些伤害呢?

孩子变成一个巨婴。巨婴是一个近些年在网络上较为流行的词语,通常是指那些无法照顾自己,始终栖息于父母的羽翼之下的孩子。巨婴在生活层面不能自理,在思想层面不能独立思考。生活层面,他们衣来伸手饭来张口,习惯被父母安排好生活里的一切。思想层面,他们特别爱说"我妈说""我妈觉得",他们没有自己的所思所想。

孩子的性格变得扭曲。孩子被过度干预，人生会变得扭曲。比如，孩子想做什么，父母认为不适合，便强行阻止孩子去做。孩子喜欢的东西由于不符合父母的要求，而被强行要求放弃。在这种强制之下，孩子的性格要么变得叛逆要么变得怯弱。

孩子在"爱"中无法呼吸。过度的"爱"会让孩子无法呼吸。有的父母总是告诉孩子"我为你付出了多少""我牺牲了多少"，这些话会给孩子带来难以承受的压力，甚至"溺亡"在父母过度的爱里。于是时常有这样的新闻：一些孩子在长大后头也不回地离开家，只因太久没有呼吸到新鲜空气。

一些父母的行为不是爱，只是打着"为你好"的旗帜来填补自己的人生遗憾。真正睿智的父母不会企图从思想到行为打造出一个自己的复制品。孩子需要引导而不是塑造，就像河流始终要自己流向大海，而不是被圈于一洼低地。

睿智的父母不会让孩子成为弥补自己人生遗憾的"工具人"。

放手让孩子自己书写人生。孩子的人生不属于任何人，只属于他自己。父母的遗憾要由父母自己去修补，很多事情如果愿意花时间去努力，并非不能实现。与其把理想寄托到孩子身上，倒不如和孩子一起成长，再活一次，把失去的找回来，把错过的弥补回来。那么父母将不再焦虑，孩子也能活出真正的自己。

不放手，孩子永远长不大。徐特立说："想不付出任何代价而得到幸福，那是神话。"孩子是种子，没有风雨永远长不成自己。大胆放手让孩子去做自己想做的事情，失败里开出的花才是最鲜艳的。父母不能代替孩子走上几十年，终将放手。早放手，孩子的根才会扎得更深。

不插手孩子的选择，不干涉孩子的人生不代表不引导、不教育孩子。相反，家庭教育是孩子最需要的精神滋养之一。以尊重、民主为前提，让孩子在一个和谐的家庭里成长，引导孩子的精神和身体健康成长，让孩子拥有健康的心灵和独立自主的性格，然后在适当的时候放手，孩子自然可以一往无前。

民主、和谐、勤劳的家庭是孩子成人成才的基本条件。孩子是会长大的，他们总有一天要离开父母。一个成长道路上充满了压抑和强制的孩子，也许会比其他孩子跑得更快更远，但是，父母只是陪孩子走一段路，那么这段路到底应该怎么走，才能让孩子收获最多，值得每位父母深思。

挫折是指人们在有目的的活动中，遇到无法克服或自以为无法克服的障碍或干扰，使其需要或动机不能得到满足而产生的障碍。心理学上，挫折指个体有目

第四章 爱是柔软，不是碰撞

的的行为受到阻碍而产生的紧张状态与情绪反应。现在的孩子挫折容忍度很低，有的孩子说，被老师批评、被父母责骂，很痛苦，很想自杀。现代的孩子"个个都是宝"，说不得，骂不得，在学校老师管不得，惩罚不得。这样的孩子就像温室里的花朵，稍有风吹雨打就夭折。一方面，家长对孩子过度保护却又强加诸多期望；另一方面，老师教得束手束脚。孩子怎能好呢？

一味地把诸多期望加在孩子身上的父母，可能是本身没有活出想要的样子，就把自己的遗憾转嫁到孩子身上，以爱为名给孩子加上各种期待、要求，以实现自己未实现的梦想。

省吃俭用移民到加拿大的一对夫妻，发誓要让女儿过上最好的生活，接受最好的教育，给女儿提供他们年轻时没有的机会。他们对女儿疼爱有加，却又非常严苛，要女儿从小学习钢琴和花式滑冰，学习成绩必须名列前茅，一切必须听从父母的意见，因为父母都是为她好。谁想到，女儿雇凶杀害父母，最终母亲死于非命，父亲获救。父亲无法理解，为什么他们从小疼到大的女儿要取父母的性命。

女儿控诉说，她年复一年地忍受着来自父母的控制，这对她的精神伤害是巨大的，她再也忍受不了了，才会做出这样的事。最后女儿被判终身监禁。

心理学家指出，若是父母活得开心、精彩，对孩子的教育理念就偏向自由。孩子出生后，一家人应该是彼此陪伴、共同成长，各自有精彩的人生风景。家是温暖的避风港，不应该是让人喘不过气的牢笼。

父母有形无形的爱，在子女身上已经成了枷锁。"我都是为你好""我们为你付出了一切""如果不是因为你，我早就×××"……这样的句式，如同无形的锁链将孩子一层层捆绑，让多少孩子几乎"窒息"。日积月累的"伤害"让孩子原本的生命力变得暗淡。

但是，应该重点强调的是，"不自知"。也就是说，父母并非故意要伤害孩子的，他们只是觉得自己有权利去做这样的事情。当然，"不自知"不是借口，因为后面往往会跟着"自欺欺人"，有些父母虽然意识到自己的教育方式有问题，但是依旧"自欺欺人"，不承认错，放不下做家长的权威，不愿去道歉，不愿去改变。

我们这一代人的父母的教育观深受中国式家庭传统教育观的禁锢，很难去改变他们。从某种程度上说，他们也是错误家庭教育观的"受害者"。希望这样的情况能在我们这一代终结，不要再传给下一代，否则将会是新一轮的"恶性循环"。家能传递爱，也能传递恨；父母能爱孩子，更容易伤孩子。而来自父母的伤害偏偏又是孩子最无力防范又无力阻止的，那种伤害甚至延续到孩子的婚姻家庭中。可悲的是，家长对此浑然不觉，还沾沾自喜地叫嚣着："打是亲，骂是爱，不打不骂不成材。"

我想说："打不是亲，骂不是爱，请不要把打骂孩子的行为以爱的名义强加给孩子！"

第二节　出生顺序

郭燕娥院长说：

每个孩子都是这个世界上独一无二的真品，每一个孩子都值得被尊重，每一个孩子都值得被关注。

首先，从孕期开始，便可以让大宝参与到胎教的过程当中，感知胎儿的存在，在胎儿时期就让大宝接受二宝的存在，而不是害怕他因冒失伤害到孕妈和二宝，而不主动让大宝建立和胎儿的关系，这可能导致二宝出生后，大宝会产生排斥的心理。

其次，在孩子出生后，家长要始终记得：孩子的事情让孩子自己解决，不要轻易站队。当你选择袒护一个孩子的时候，同时伤害的就是另一个孩子，导致另一个孩子没有安全感，感受不到爱。这只会加剧大宝对二宝的敌视心理，使得大宝接受二宝变得更难，且对大宝的身心健康不利，对家庭和谐不利。

家中有多个孩子时，家庭教育问题更加需要父母的智慧，切记不要意气用事，不要忽视家人的感受。

随着三孩政策的落地，聚会见面时，大家常常讨论要不要二胎，常常向有二胎的人取经，饭桌聊天的话题总会有多孩之家的教育问题。过年走亲戚也聊是否要二胎。网上或者身边人反映，二胎对第一个孩子影响很大，大宝多数有抵抗情绪；多孩家庭压力大，大家都希望能够保证生活质量，不想苦了孩子也苦了自己。聊到孩子，相互之间或多或少都会有比较，比较自己家和别人家的孩子，也会比较自己家的孩子们。对于多孩家庭，很多人都说老二狡猾些，聪明些，老大老实一点，懂事一点；或者说有姐姐的弟弟娇气一些；或者说有哥哥的妹妹脾气坏一些等。从人们的实际经验来看，确实存在出生顺序影响孩子的性格和发展的现象。

对出生顺序的了解，是你"走进孩子的内心世界"的一条途径，能够帮助你增进对他们的真实内心的了解。

出生顺序不同，性格特征也会有明显的不同。因此，如果第一个孩子已经占据了一个角色，例如，"好孩子"的角色，那么后续的孩子可能努力找到自己的角色定位，比如爱运动的孩子、善于交往的孩子等。孩子基于对自己生活经历的理解，对自己、他人以及周围的世界做着判断。他们的行为就建立在这些判断之上，建立在为了自己的"生存"和"成长"的需要上。如果自己的某个兄弟姐妹在某个方面做得很好，自己的唯一"生存"选择只能是以下四种模式之一：在一个完全不同的方面发展自己的能力；竞争，努力做得比家中其他孩子更好；反叛或者报复；因为觉得自己赢不了而放弃努力。

"为什么会这样呢？为什么两个孩子不明白他们可以一样好呢？"孩子通常会根据自己的出生顺序形成某种结论：为了归属感和价值感，自己需要与其他孩子不同。造成孩子各不相同的最主要原因，就是每个孩子对自己所处的环境做出了不同的解释，而这种解释都是以把自己和其他兄弟姐妹进行比较为基础的。孩子比大人想象中的要聪明很多，他们具有很强的觉察能力和学习能力。

家中老大和排行最小的性格特征是最好预测的，因为这两个是变数较少的位置。排行中间的孩子有多种情况。独生子既可能像老大，也可能像老小，取决于他们是像老大那样被赋予责任，还是像老小那样被溺爱。

说到老大，我们很容易想到的词语包括有责任心、专横、领导者、循规蹈矩、有条理、懂事、独立。老大往往会错误地认为必须成为第一或是最好的，才能显示自己重要，比如会乖乖吃饭，最快完成作业，最早收拾好玩具等。

提到排行最小的孩子，大家最先想到的通常是娇惯。很多老小不但被父母娇惯，而且被哥哥姐姐娇惯，这使得他们很容易错误地认为，自己不断操纵别人为自己服务，才能显示自己重要。排行最小的孩子善于利用自己的魅力来激励别人为自己做事，常常富有创造性，并且爱玩。

对于受到娇惯的孩子来说，最大的危险是只要没有得到别人的照顾或者自己的要求没有得到满足，往往就会认为生活不公平，而感到受伤害了，并且认为自己有权发脾气，或者会以对别人有破坏性、伤害性的方式来报复。他可能会产生这种想法："当别人照顾我时，我才觉得他们爱我。"最小的孩子可能很难适应学校生活，会有意识地说出类似于"老师，请帮我系鞋带"这样的话，"我不会"以及"你做给我看"的潜台词都是"你替我做"。

生活中，很多父母知道娇惯孩子不好，但依然这么做，因为他们认为这是他们表达爱的最好方式。父母认为自己做会更好、更快、更容易，而无意识地剥夺了孩子学习生活技能的机会，没有深刻考虑这样做的长远影响。

也有些排行最小的孩子会选择完全不同的信念，变成"赶超者"。他们往往会错误地认为自己必须赶超在别人前面才显得有价值。长大之后，他们可能成为那种已经非常卓越却仍在企图证明自己价值的人。

要概括排在中间的孩子的特征相对比较困难。他们常常觉得自己受到挤压，既没有老大的特权，也没有老小的好处，往往形成错误的理解——必须在某些方面与兄弟姐妹不同，才能显示出自己的价值。表现出来的就是成功欲望过强或者不充分发挥能力。大多数排行中间的孩子很可能会同情弱者，因为他们认为自己就是弱者，他们常常是很好的调节人，愿意同情和理解。

独生子，因为是家中唯一的孩子，对于他来说，更重要的也许是独一无二，而不是成为第一。

对于出生顺序的了解可以帮助我们更好地理解孩子，正确引导孩子，让老大理解输了也没什么，不必凡事都是第一的重要性，帮助排行中间的孩子减轻受挤压感。

凡事都有例外。有很多因素会造成例外。比如性别，如果老大是男孩，他就会有男性角色的老大特点，如果老大是女孩，她就会发展出有女性角色的老大特点。又如年龄，两个孩子年龄相差越小，他们之间的差异越明显。当两个孩子年龄相差4岁或4岁以上时，他们之间的相互影响就会减少，年龄差距会让他们减少彼此之间的竞争。再如家庭氛围，家庭氛围既可能增强也可能削弱孩子之间的不同。在一个推崇竞争的家庭里，孩子之间的差异就会被增强；在一个推崇合作的家庭里，孩子之间的不同就会被削弱。

父母在孩子身边扮演着重要的角色，在很多关键时刻，孩子需要父母的正确引导。父母如果做出错误的决定，甚至可能把孩子推入深渊。如今，在很多二孩家庭，家长都提倡大的应该让着小的。我认为这是不对的，平等地对待孩子才是正确的。

现在家有二宝的家庭越来越多了，爸妈面临的挑战也随之增多。有家长说："我该怎么做才能让姐妹俩不再争抢东西呢？"也有家长说："姐弟俩都很懒，什么家务都不做，我现在要上班和做家务，累得不行了。"更有家长说："姐姐说我只管弟弟，说我是后妈。"……看着焦虑无奈的家长，我非常理解。不过父母的成长也是需要时间的，家长要允许自己是不完美的父母，认识到自己需要时间去成长。

二孩家庭，要想在孩子的教养上更轻松，家长一定要先避免几个误区。

大的孩子一定要让着小的孩子。我们是不是有这样的固化思维呢？给孩子讲道理总不忘说："你是姐姐，你要让着弟弟知道吗？"可是对于还是孩子的他们来说这是无法理解的。有的孩子甚至会要求妈妈给自己生个姐姐或哥哥，真让人哭笑不得。

激励一个孩子要像另一个孩子。这也是多子女家庭中父母常用的教养方法。他们通常会说："你看姐姐多乖，吃饭总是很安静，你能不能像姐姐一样？"当比较和评判出现在家庭教养中时，那么孩子学会的就是嫉妒和反抗。

任何事情都要公平对待。父母总觉得公平对待两个孩子，才不会引起更多的争端与冲突，但恰恰是这种事事都想公平的习惯，让孩子一遇到事情总是寻找父母去评判是否公平。

在大宝面前滔滔不绝地谈论小宝。很多时候，我们总是带着两个宝宝约见朋友，可是谈论的永远是小宝，好像和大宝没有一点关系。我们完全忽视了大宝的感受，把大宝置身于一个无爱的环境中，还不允许他有任何负面的情绪，这是多么虐心呀！

那么，在家有二宝的环境中，父母应该如何应对呢？

进入孩子的内心，放弃"应该怎样""不应该怎样"。在父母的逻辑中，父母有太多的"应该怎样"与"不应该怎样"等的准则，当孩子无法达到父母的准则时，父母会很烦躁。只有当父母放弃这些，关注孩子的情绪与感受，才能与孩子达到同频沟通。

不做法官，不站在弱者或强者一方。当孩子之间发生争执与冲突时，父母会习惯性地去判定谁是对的，谁是错的，而且会习惯性地站在弱者的一方去谴责强者。这样的话父母就会培养出"受害者"和"恃强凌弱者"。父母不要干涉孩子之间的争端，让他们自己去解决，要相信孩子！

强调合作，而不是竞争，邀请大宝提供帮助。父母可以邀请大宝成为自己的小助手，将照顾小宝的任务列出清单，让大宝来认领任务，这样会增强大宝"我能行"的自信心与价值感。理解感受，不代表提供帮助，当孩子找家长来告状时，父母可以表达对孩子感受的理解，拥抱孩子并告诉孩子"我理解你的感受"，但请孩子调整好自己的情绪后，独自去解决自己的问题。

确保与每个孩子都有单独相处的特殊时光。确保给到孩子充足的爱，父母与孩子的特殊时光是单独给到每一个孩子的，保证孩子不会觉得父母的爱被人夺走了。关注孩子各自的优点，不比较、不评判。每个孩子都是独一无二的，关注他们各自的优势并指出来，会让孩子更加自信，更有力量！比方，"我就知道你最擅长与别人沟通""你游泳游得越来越好了"。让孩子集中精力去发展他的优势，不比较、不评判。

在两个孩子的家庭中，孩子之间的关系非常微妙和复杂。有时，孩子们会互相关心，有时他们会互相争吵。许多父母倾向于说服他们中的一方妥协来解决问题，这通常被孩子们认为是父母的偏见。在有两个孩子的家庭中，随着公平感的萌发，孩子质疑父母偏好的观念会越来越强烈。二胎家庭更多的应该是热闹，而不是一个被冷落，一个被宠着。

父母公平对待孩子对孩子来说非常重要。

首先，有助于保持亲子关系的亲密。当父母能够公平地对待孩子时，孩子和父母之间的关系会更加密切，他们将会更加信任父母。可以说，无偏见是保持良好亲子关系的非常重要的方式。偏袒任何一方都会导致情感倾斜。

其次，帮助孩子之间建立情感联系。由于父母的公平对待，孩子之间的感情会更加健康和谐，竞争意识不会过分突出。父母偏袒一方，很容易导致孩子之间的过度敌意，并阻碍家庭关系和睦。

再次，有助于培养儿童健康的人格。父母的公平对待使孩子的自我评价受到的损害更小，孩子更有信心也更愿意相信自己值得被爱。在与人打交道时，他们更了解平等和尊重，行为表达也更注重边界。同时，孩子更愿意分享，也更有同情心。

最后，父母公平不仅可以减少家庭纠纷，还可以更好地维护家庭关系，甚至对孩子未来的成长具有深远的意义。只有当父母不偏不倚时，孩子的公平感才能得到保护，没有傲慢或故意妥协。因此，在家庭教育中，父母需要更加关注孩子的公平感，要做到公正和不偏不倚。

第三节　父母的想象力

郭燕娥院长说：

充满仪式感，是营造有爱的家庭的前提。有爱的家庭更容易培养出"三商"俱高的孩子，"三商"皆高是孩子一生的财富。

父母用想象力为孩子打造的天堂，会成为孩子未来对抗现实的底气。

拥有想象力的父母，会在孩子的心里种下童真的种子，等孩子长大，它就会开出叫童心的花，结出名为幸福感的果实。

同时，拥有想象力，不仅能让孩子幸福，也能让我们自己保持一个年轻的心态，营造出一个充满诗意的家。

不少家长在宝宝成长的过程中，多多少少会提出这样一个疑问："为什么宝宝越长大越不快乐？"

生活，是需要一些仪式感，需要"惊喜"的。对于宝宝的童年来说更是如此。这能让宝宝幸福感爆棚，始终保持着那份童真，以及天马行空的创意。

打造星空房、建造小公主民宿、用动画片变魔术……难以想象，把想象力变成真的父母的孩子有多么开心、快乐……

父母的想象力，对于孩子来说真的很重要！

先前有一位神仙爸爸上了热搜，引来全体网民的羡慕。

这位爸爸来自南宁，当时正好家里在装修，他便萌生了给孩子送一个特殊礼物的想法。他把飘窗改造成了"草坪"，在卧室里设置了一个"海洋乐园"，简直就像把海底世界搬回了家。更有趣的是，他还用2000根光纤在天花板上为孩子打造出了闪闪发光的星空，摆出了他和妻子的星座图案，在夜晚看起来十分梦幻。

这间"星空卧室"的打造历时半年，占用了这位爸爸所有的业余时间，光纤是他一根一根穿的，设计和制作都是一点一点摸索出来的，花费了大量的心血。孩子看到爸爸送给自己的礼物，高兴坏了。

看到这样的神仙爸爸，网友们纷纷化身成"柠檬精"："别人家的爸爸！""父爱真的伟大，孩子会很幸福的！"

就像网友评价的那样，送礼物送得如此有创意的爸爸，生活中一定是一个很有想象力的人。拥有想象力，即便是一位平凡的父亲，也能为孩子打造出美轮美奂的"星空卧室"。而从小就住在这样一间承载了父母满满爱意的屋子里，孩子未来的幸福感一定会很强。所以，在让孩子拥有幸福感这条路上，父母的想象力才是真正的起跑线。

父母的想象力，是孩子童真的来源！

现实是残酷的，而父母的想象力就是那颗调节生活的水果糖。在辩论类综艺节目《奇葩说》中，讨论较多的有这样一个辩题：该不该告诉孩子童话是假的？

傅首尔在辩论时，含着泪分享了自己的童年经历。

小时候，她和妈妈生活困难，住在米仓里，米仓里有很多老鼠，她每天睡觉都很害怕，妈妈就给她讲了一个故事：米仓里的老鼠会在夜里，给乖乖睡觉的小孩送来糖果。

从那之后，小首尔每天醒来，枕边都放着一颗彩色的水果糖。

傅首尔牢牢地记着这个故事，记着那些甜甜的水果糖。

傅妈妈用自己的想象力，为小首尔编织了一个梦幻的童话故事，让生活窘境带上一丝甜味。

就像傅首尔说的，很多孩子都收到过"老鼠们"的礼物，其实这些礼物来自父母，是父母的想象力为孩子打造了一个充满童真的世界。

很多时候，幸福感不是外界给我们的，而是自己给自己的。经历了残酷的成长过程，只有内心还保有童真的人，才能给自己源源不断的幸福感。

父母的想象力让孩子的童年更有安全感。

父母用想象力为孩子打造的天堂，会成为孩子未来对抗现实的底气。

不久之前，另一位"神仙爸爸"也上过微博热搜。

他是重庆的一位农民，因为女儿非常喜欢 Hello Kitty，他便决定为女儿建造一个以 Hello Kitty 为主题的民宿，作为她两岁的生日礼物。

这样的民宿没有人做过，这位爸爸无从参考，但他还是充分发挥自己的想象力，前后耗时 7 个月，一点一点地摸索着打造出了一座水泥管小屋，取名为"小公主民宿"。

女儿待在爸爸精心打造的小屋里，仿佛真的成了公主，一位被爸爸宠着、爱着的小公主。

不管刮风还是下雨，这座"小公主民宿"都是她最温暖的港湾，给她足够的安全感。

长大以后，不管在哪里，不管经历多少困难，这座承载了满满父爱的小屋都会化作她抵抗现实的底气。

只要想到这座小屋，她就会明白，自己是被爱着的。

法国小说家雨果说过，生活中最大的幸福是坚信有人爱我们。

父母用想象力，为孩子打造出了一个避风港，让孩子明白，他们始终有人爱、有退路，而这就是他们安全感和幸福感的基础。

父母拥有想象力，不仅能让孩子幸福，也能让我们自己保持年轻的心态，如何做有想象力的父母？不妨试试以下几点。

一是尊重孩子的好奇心。

孩子的想象力比我们的更强。他们总有奇思妙想，尊重孩子的好奇心，往往会让我们在他们的影响下重拾曾经的那份想象。

孙俪曾发微博说自己家又添了新成员，网友们闻风而至，却又哭笑不得地退了出来。

原来，一个多月前，他们从朋友家的农场拿回了一些鸡蛋，孩子们很好奇，想看看鸡蛋到底会不会孵出小鸡。

孙俪没有劝阻，而是欣然同意。没想到，鸡蛋竟然真的顺利孵出了小鸡，还一下子孵出了好几只。

面对一群小鸡，孙俪的想法竟然是把它们编入自己家，还张罗着给它们起名字，好像在孩子的影响下，她也变得更有童心和想象力了。

我们的想象力或许已经被磨得所剩无几了。孩子不一样，他们的想象力总是那么强大。

尊重孩子的好奇心，其实就是放任自己跟随孩子的想象，去实现一个个奇思妙想。

在这个过程中，我们的想象力也会在孩子的带领下慢慢复原。

二是在生活中为孩子创造小惊喜。

前段时间，一位父亲因为用动画片来变魔术而红遍全网。

那是一段猫和老鼠的动画，里面的盆移动时，他就放上自己的手，跟着移动，紧接着，他又拿出一根吸管，"吸光"了盆里的水，再把水"喷到"猫的脸上。

一系列的动作完美贴合动画，似乎动画真的被他操控一样。一旁的女儿开心地蹦蹦跳跳，家里欢笑声不断，气氛十分欢乐。和孩子一起玩游戏，为孩子创造一些小惊喜，其实也能让父母更有想象力，因为制造小惊喜的过程本身就是一个需要发挥想象力的过程。这样的小惊喜不仅会让孩子更快乐，也会让亲子关系更进一步。

三是允许孩子拥有奇思妙想。

尹建莉老师在《好妈妈胜过好老师》中谈到过女儿圆圆画画的经历。有一次，圆圆画一幅到野外玩耍的画，并且很有新意地把河流画成了粉色。

尹老师并没有指出关于河流颜色的疑问，而是真诚地夸奖她画得真好。即便后来学校老师说河流应该是蓝色的，否决了圆圆的画，尹老师也并没有妥协，而是耐心地询问圆圆为什么要把河流画成粉色。得知圆圆其实并不知道河流是什么颜色，只是觉得粉色好看时，她带着圆圆认真探讨起了水的真正颜色。

结果发现，河流其实是没有颜色的。所以她告诉圆圆，你可以大胆地使用各种颜色，只要你喜欢，你就可以把河流画成粉色。

孩子的想法和我们的是不一样的。如果我们仅凭自己的经验就否定孩子的奇思妙想，那么我们就会错失很多孩子眼中的美好。

孩子的世界，充满童真和梦幻，如果我们能尊重孩子的奇思妙想，那么我们就能进入孩子的世界，获得和孩子一样的童真和想象力。

爱因斯坦说，想象力比知识更重要，因为知识是有限的，而想象力概括世界上的一切，推动着进步，并且是知识进化的源泉。

教给孩子知识，不如用自己的想象力去引导孩子成长。

现实终有一天会恶狠狠地扑向我们的孩子，而我们对他们的爱，就是他们未来最大的底气。

拥有想象力的父母，其实就是把自己的爱，转化成实际行动，许给孩子一个充满安全感和幸福感的未来。

父母的想象力，是孩子珍藏一生的财富！

想象力丰富能考高分吗？能考上好中学、好大学吗？在当前的教育体制下，很多家长认为孩子是否有想象力并不重要，他们并不清楚，想象力对一个孩子的前途有什么用。

其实，想象力很重要，对所有的工作都有影响。比如卖东西，如果你的吆喝很独特，那你就能卖得比别人好。孩子缺乏想象力，会影响他成年后的工作发展。他在工作中会表现得墨守成规、没有主见，工作不会出错，但也不出成绩。而且这些已经固定在他的人格中，再想突破和跨越很难。

想象力的高低并不能通过学校的试卷分数来判断。那么，哪些行为会暗示孩子的想象力已经成为性格中的短板了呢？

对游戏没兴趣表示缺乏想象力。对小一点的孩子，家长可以做一些测试，比如说，看到一幅画上卧着的猫，家长可以问孩子猫在做什么。如果孩子缺乏想象力，可能只能说出睡觉一个答案。但如果是想象力丰富的孩子，可能有很多新奇的答案。带孩子去逛超市，看孩子是否喜欢符合他年龄段的益智游戏。如果他只对低于他年龄段的游戏有兴趣，或者对哪一类游戏都没兴趣，说明他不能面对新挑战、克服新困难，这就是想象力缺乏的表现。

除了玩游戏，孩子是否缺乏想象力还体现在语言表达能力和思考能力上。语言方面并不是体现在背诵上，不是会背几首诗就有想象力，主要是指思维跳跃，能准确表达自己的思想。想象力丰富的孩子善于思考，爱问"为什么"。

对于想象力的缺失，很多人只把责任推在教育制度上，殊不知，孩子想象力的培养和锻炼是从小就要开始的。而且，家长的作用要远远大于学校和老师的作用。我给家长几点建议：

一是常给孩子做一些想象力方面的训练。比如给出一些简单的符号：一条线，一个半圆，一个圆圈，让孩子根据这些来组合故事，鼓励孩子尽可能多地组合一些更复杂、完全不同的故事出来。

二是鼓励孩子拆装废旧物品，适当给孩子买一些智力玩具。比如，废旧的钟表可以让孩子拿去拆装，甚至家里的电脑等，家长都可陪孩子一起拆装。

三是多让孩子做一些脑筋急转弯的练习，鼓励孩子思考时多转几个弯。如果给出"树上有十只鸟,用枪打下一只还剩几只"这样一个问题,幼儿园的孩子的问题就比较多,比如有孩子问:"这只鸟有没有怀孕?""这十只鸟里面有没有聋的?"等。这些在成年人眼里不按常理出牌的行为其实是非常可贵的,值得鼓励。

家长对待孩子的"为什么"应该认真而不是敷衍。孩子三岁以后,右脑开始快速发育,左脑主思维,右脑就是主想象力的。这个时候,孩子会问家长各种看起来十分奇怪的问题。有的家长面对孩子的问题会不耐烦,甚至会责怪孩子脑子有问题。对于孩子的问题,家长应该认真回答。如果家长自己搞不懂,可以反问孩子为什么,鼓励孩子去思考。对于孩子的问题,答案正确与否并不十分重要,重要的是如何启发孩子的想象力。当然,家长也可以和孩子一起查图书资料或上网找答案。

中国孩子的想象力并不比外国孩子差,家长们不培养也没关系,但一定不要扼杀。中国的家长很喜欢替孩子做事,比如替孩子洗碗、洗衣服、背书包、系鞋带,让孩子丧失了基本的动手能力和好奇心,从而遏制了想象力的发展。

孩子都有很强的好奇心,喜欢摸摸这儿,摸摸那儿,很多家长怕孩子弄坏东西,或者出现差错,就制止孩子。孩子在家长的限制中慢慢就变得循规蹈矩了。

除了不要对孩子的错误、好奇心进行指责,也不要盲目把老师树立成权威。有这样一个故事,当老师按课本教孩子某一种动物的皮毛多珍贵、肉多美味、全身都是宝时,一个孩子就站起来问老师:"不是要保护自然、保护珍稀动物吗?为什么还要这样讲呢?"

对老师有异议不是坏孩子的表现,家长不应该给孩子灌输这样的概念:老师是管学生的,学生就得听老师的话。在国外,家长是这样教导孩子的:到学校后,你的老师和同学都是你的新朋友。鼓励孩子把老师当朋友,而不是一个管理者,这样才能让孩子敢于发出自己的声音。

第四节 封建思想毁掉的幸福

郭燕娥院长说：

面对婆婆的重男轻女，妈妈首先要用自己的行为来弥补对女孩关怀的缺失。为了避免婆媳争吵和矛盾，婆媳还是要争取分开住，让丈夫介入其中调解问题。同时，妈妈也要摆出自己强硬的态度来。

虽然现在重男轻女的想法已经不再那么流行，但是对于老一辈来说，或多或少都残留着这样的意识。在传统观念的影响下，作为孩子奶奶的婆婆，常常表现出对男孩女孩厚此薄彼的态度，这让很多妈妈头疼。

其实，不管婆婆态度怎么样，妈妈的态度一定要正确，这样才不会影响到孩子日后的发展。具体怎么做呢？

1. 用自己的行为来弥补婆婆的差别对待

面对婆婆这样的做法，妈妈首先要做的就是尽力消除婆婆的差别对待对孩子的影响，这样孩子才不会因为态度上的差异而出现被冷落和忽略的感受。虽然小的时候，孩子还不太懂，还不能有所感受，但妈妈一定要做好。

如果婆婆偏爱孙子而忽略甚至嫌弃孙女，那么妈妈就要把女儿照顾好，给予女儿更多的关怀，这样宝宝在成长中才能获得更加均衡的发展。

2. 有条件的家庭还是和婆婆分开来住

很多时候，夫妻迫于生活的压力，只能让长辈来帮忙带孩子。这样虽然能够让自己的生活变得更轻松，孩子也能够获得更好的照顾，但前提是不影响孩子以后的健康发展。如果婆婆的行为已经伤害到另外一个孩子了，那就没必要住一起。

所以，不管怎样，不管条件多么艰难，作为父母的我们还是要争取自己带孩子，以免婆婆的行为伤害到孩子的成长。这也许看起来并不那么孝顺，仿佛也不道德，但是，为了孩子日后的发展，自己带孩子，赋予孩子平等的爱，才是最重要的。

3. 与丈夫商量，通过丈夫和婆婆说明问题

对于因育儿观念上的差异而产生的婆媳矛盾，丈夫是不能够置身事外的，要充当好沟通的桥梁。毕竟儿子和妈妈更加亲近，很多问题沟通起来要比婆媳之间的沟通更通畅一些，也不容易吵起来，就算吵起来，事后也不会记恨于心。所以，丈夫一定要介入其中，妥善解决婆媳矛盾。

面对婆婆重男轻女的行为，夫妻二人首先要站在同一个阵线上，然后让丈夫去和自己的妈妈商量这样的问题。也许无法让婆婆全然改变自己的态度，但至少也要让婆婆不要那么厚此薄彼，伤害到女宝宝。

4. 妈妈自己也要拿出强硬的态度来

面对这样的问题，作为妈妈，一味地忍让是没有任何好处的，要拿出自己强硬的态度来，让婆婆意识到自己的行为是会让儿媳反感和不满的。当妈妈能够强硬地指出婆婆不好的行为，并且表明自己态度的时候，婆婆也会有所收敛。

为母则刚

第五节　夺不走的血缘与爱

郭燕娥院长说：

当我们遇到隔代教育的夺爱的情况时，我们要冷静地分析婆婆"抢孩子"的原因，然后摆正心态。方法总比问题多，分析存在的主要问题，并且一一攻破。当你去尝试解决一个问题时，你便会发现，问题可能远没有自己想象中的那么复杂。最怕的就是没有解决问题的意识和合理的方式，而选择自我纠结、怄气，这样不但问题得不到解决，而且自己的身心也会受损，对家庭也无益。

当你成为妈妈时，就注定了往后会遇到很多从前你从未遇到过的问题，拥有解决问题的能力是身心健康的前提，也是为母则刚的前提。

隔代教育最大的问题不是溺爱，而是夺爱。

对年幼的孩子来说，父母就是一切。所以，我的观念是孩子能够自己带最好是自己带。

不过，在实际情况中，更多的父母可能因为工作，因为生活等原因而不得不求助于老人帮助带孩子。而两代人因为价值观、生活习惯、养育方法的不同会产生隔代教育的问题。

其实，不管是外婆还是奶奶或是家里的其他人，他们的初心都是一样的，都是希望孩子好。

到底哪种路径是正确的呢？其实没有标准答案，因为教育本身就是没有标准答案的。

第四章 爱是柔软，不是碰撞

事实上，妈妈也不用担心老人的做法会对孩子造成多大的影响。在生活中，大部分的争执都是芝麻绿豆的小事。除了虐待孩子，老人的其他做法基本不会触及底线。不要把孩子想得太脆弱，孩子不可能生活在真空里，孩子需要学会和不同的人打交道。

就拿孩子摔倒这件事来说吧。有个妈妈非常焦虑，她说因为上班，孩子不得不交给奶奶带，奶奶非常宠孩子，每次磕碰后老人都会说，这个桌子太坏了，把我们宝宝弄疼了，奶奶帮你打它。我们知道，很多育儿书上讲，孩子如果被桌子磕到、碰到，最好不要把责任归咎到桌子上，这样会让孩子形成出了问题就推卸责任的思维方式。虽然说奶奶处理问题的方式并不是最理想的，但是也不至于像育儿书上讲的，会带来严重的后果。孩子太小，磕到、碰到之后会疼，肯定会有挫败感，会生气。我们知道，生气是一种情绪，情绪是需要疏解的。但是小孩子太小，不能靠自己的力量来处理生气的情绪，怎么办？这时，老人帮助孩子打桌子，帮助他疏解情绪也是可以理解的。

在日本，有专门的情绪发泄室，里面摆放了很多真人大小的充气人，当人有了情绪后，对着这些充气人一顿狂打之后，情绪得到宣泄，又能很好地去工作了。老人帮助孩子打桌子其实也有类似的作用，只是老人不明白其中的道理，但是他们能感觉到，这样做了之后，孩子的心情会好一些。所以，并不存在推卸责任的问题，老人的这种教育方式也不存在严重的问题。

相反，如果妈妈因为这样的事情而抱怨老人，那老人可能就会心有怨言："我辛苦帮忙带孩子，你却总找我茬。"最后，导致隔代教育的问题出现。让孩子生活在一个不安全的环境中才是较严重的问题。

所以，隔代教育最大的问题不是老人溺爱孩子，而是夺爱。老人有老人的教育理念，父母有父母的教育理念，都想按照自己的方式教育孩子，让孩子和自己亲，最后演变成夺爱之战。

曾经，有个妈妈跟我说："女儿从小由奶奶带大，一直和奶奶比较亲。虽然她有时比较黏我，有时比较黏奶奶，可是每当她更和奶奶亲的时候，比如要求晚上和奶奶一起睡时，我就感觉特别失落。虽然我知道女儿有自己选择的自由，但我非常担心有一天女儿对奶奶的爱会超过对我的爱。所以，能单独'霸占'女儿的时候，我绝不让给奶奶。"

但是，这样的结果是，奶奶感受到妈妈不友好的心理，于是，在平常的生活中，奶奶跟这个女孩说，不许跟妈妈亲。因为奶奶平时在家里非常有权威，女孩害怕奶奶不高兴会欺负妈妈，为了保护妈妈，她选择故意疏远妈妈，当奶奶不在的时候，她就跟妈妈亲。最后，这个孩子实在忍受不了了，拿头去撞墙。要知道，不管是奶奶还是妈妈，对孩子来说，都是最亲的人。

所以，想要破解隔代教育的魔咒，我认为妈妈要有这样一个意识：如果打算让老人来帮助带孩子，那么在教育孩子这件事上，一切以老人为主，否则的话，就自己带。

以下提供两个破解隔代教育魔咒的参考方法。

一是要树立正确的教育观。不要怕孩子不爱你，你要相信，你一定是孩子最亲的人，也是影响孩子最大的那个人，就算老人的教育方式真的不对，影响也是有限的。除非妈妈很少在孩子身边，孩子是留守儿童，才会跟老人更亲近。孩子没有想象的那样脆弱，不会因为老人的某些教育方法就变坏。也不要怕孩子和老人亲，首先，你要相信，越多人爱你的孩子，你的孩子会越幸福。一个被爱滋养的孩子，内心一定会有满满的幸福。其次，当老人花费很多时间陪伴孩子，妈妈却不希望孩子跟老人亲时，对老人不公平。最后，假如妈妈和老人夺爱，一定会产生矛盾，孩子觉察到亲人在争夺自己时，会非常难过的，最后可能就像上述案例中提到的那个女孩，用拿头撞墙来解决问题。

二是要和老人建立良好的关系。如果花钱雇保姆，不满意可以换掉，但是老人是不可以换掉的。不管老人的教育方式如何不对，既然将孩子交给老人，我们就要发自内心地感恩、肯定和欣赏老人，站在老人的相同面，而不是对立面。只有我们和老人关系融洽时，老人才愿意学习，才愿意接受新的教育理念。假如我们和老人关系不融洽，妈妈又不愿意舍弃自己的事业，不能带孩子，却希望掌控孩子的一切，要求老人按照自己的要求带孩子，那就是妈妈不讲道理，基本上这样的要求是很难实现的。而且老人也觉得非常委屈，因为老人用自己的教育方式养育了自己的孩子，这个孩子正是你最亲的人。所以，妈妈一定要和老人建立良好的关系。

那如何跟老人建立良好的关系呢？

一是多带老人外出。每一个人都需要价值感，老人也不例外。但是，在老人的生活中，除了带孩子，也没有其他体现价值的事情。所以，老人会把所有的心思都放在孩子身上，如履薄冰，生怕做错了事情，孩子出了意外，或是没有带好，而受到我们的批评，甚至不让老人带孩子了。所以老人一般都会特别用心地带孩子。或许就是因为太用心了，反而越用心越出错。多带老人外出，让老人结交朋友，上个老年大学，学习育儿知识，这样老人的生活就丰富起来了，就不会把所有的心思都放在孩子身上。这样，对孩子，对老人都好。要相信，老人一定也是爱孩子的。

二是变换思路。老人帮妈妈照顾孩子，让妈妈可以安心在外面忙事业，所以，妈妈应该感激老人，也要感谢老人给孩子的那份爱。

有位妈妈说，因为是双职工家庭，所以宝宝出生的时候，就请奶奶过来帮忙，住在一起。生孩子之前和公公婆婆相处得挺好，可是等孩子出生后，感觉婆婆总是想和她抢宝宝。比如，有一回，孩子哭得特别厉害，她特别想让婆婆把孩子给她，但婆婆就是不给，说要带着孩子出去转转，看到宝宝哭成那样，她真的很心疼。

平时，除了让喂奶，就没什么事了。有一次她得了乳腺炎，不能喂母乳，婆婆直接给宝宝把母乳断了，喝奶粉。最后，婆婆天天让孩子和婆婆睡。每天早上起来，当她想要和宝宝一起玩的时候，婆婆会跟小宝说："妈妈要洗漱吃早饭了，我们不要妨碍妈妈。"然后婆婆就把宝宝抱走了。等她洗漱好了，想和宝宝玩一会儿的时候，奶奶又会说："妈妈该上班了，我们不要影响妈妈正常工作。"然后婆婆又把宝宝抱走了，并且振振有词地说："我多照顾宝宝，你们可以轻松点。"同事们都羡慕她，说家里的老人好能干，自己不用累。可她想亲自照顾宝宝，想陪宝宝一起成长。问我怎么把宝宝抢回来。

我们常说，遇到问题不应先找方法，而应先找原因，只有找到原因之后，才能"对症下药"。如果方法不对，可能越用力，效果越差。比如，看到婆婆抢孩子，如果不找原因，很有可能就是直接把孩子抢回来，那婆婆可能会不高兴，站到我们的对立面。当我们上班的时候，婆婆可能会跟宝宝讲一些坏话，让宝宝不喜欢妈妈，这是一种。另一种，强势的婆婆可能会直接把孩子抢过去，媳妇不高兴，婆媳出现问题，最后演变成一场主权争夺战。到底谁才是孩子的"妈"？结果，家庭战争常常爆发，爸爸成了夹心饼干，帮老婆，婆婆不高兴，帮妈妈，老婆不高兴，最后可能以离婚收场。不仅如此，孩子生活在这样的环境下，安全感一定会缺失，安全感缺失给孩子带来的不良影响可能抵消各种教育方式的作用。再好的教育方法也比不上给孩子足够的安全感。

除此之外，我们也可以换位思考。有一天，我们也会成为老人，孩子习得我们对待老人的方式，会不会也像曾经的我们一样对待老人呢？所以，我们可以"抢"孩子，但一定要用正确的方式。什么是正确的抢孩子的方式呢？得先找到婆婆抢孩子的原因。

一般来说，婆婆抢孩子有以下三个原因。

一是隔辈亲。很多婆婆会说，现在带孙子比当年带儿女的时候用心多了，跟孙子更亲，恨不得把全世界最好的都给他。我们都知道，爱孩子，绵延子嗣是人的本能，而人在年轻的时候，因为要忙着挣钱，忙事业，没有时间好好体验和孩子在一起的愉悦感，到老了，不用再为工作奔波了，终于可以安稳地享受与孩子在一起的快乐了，我们把这种快乐叫作天伦之乐。于是很多老人可能控制不住自己的感情，溺爱孩子。其实，老人也知道惯着孩子不好，但是忍不住。这样就造成隔辈亲的情况。

二是认为自己带孩子的经验丰富。小时候，我经常听到我爷爷说我爸的一句话就是："我走的桥比你走的路还多，你不听我的以后肯定要吃亏。"老人一般都有这样的心理：我自己有几个孩子，也看过很多人带孩子，我的经验丰富，肯定可以带好孩子；而儿媳，平时在家什么事情都不会做，带孩子这么复杂的事情她怎么会做好。婆婆怀疑儿媳的能力，不相信儿媳能带好孩子，所以就会出现抢孩子的情况。

三是夺爱。大部分老人退休以后，生活重心就落到了孩子身上。当一个人的世界只有这一件事情的时候，就很容易出现"上帝的奖赏"这种心态，就是全心全意对孩子好，同时，希望孩子只爱自己。但是，老人有一个非常强有力的竞争对手，就是孩子的妈妈，老人害怕妈妈夺走孩子的爱，所以，本能地抗拒孩子与妈妈亲近。虽然，老人知道拼不过孩子的妈妈，但是还是控制不住，而去抢孩子。

其实，婆婆也是从妈妈过来的，妈妈所有的体验她都有，她也知道溺爱孩子不好，也知道不应该和孩子妈妈抢孩子，但是为什么就做不到呢？其实归根结底是因为婆婆自身的价值感缺失。假如，婆婆有自己的朋友圈，有自己的事情做，

第四章　爱是柔软，不是碰撞

她就不会把所有的注意力都放在孩子身上；假如，我们能肯定婆婆带孩子的辛苦，让婆婆看到自己的价值所在，她也就不会和妈妈夺爱。所以，只要我们能帮助婆婆找到价值感，也就能成功抢回孩子。

那具体应该怎么做呢？

妈妈，请放下焦虑。为人母，总是希望给孩子最好的，看到孩子受一点委屈比自己受委屈还难受。但是，一方面要忙自己的发展，另一方面想给孩子最好的，正是这种心理，让妈妈普遍比较焦虑。其实，妈妈不必太焦虑，当你选择为事业奋斗的时候，你就放弃了与孩子建立亲密关系的机会，这是你的选择，你要学会为自己的选择承担责任。但是，为了引导孩子更好地发展，我们可以了解与孩子发展相关的知识。一般来说，抢孩子主要发生在3岁之前，因为3岁以前的孩子大都是在家里度过的，而这一时期，孩子的主要心理任务是建立安全感和发展自主性。那如何帮助孩子建立安全感呢？就是有一个人能看见孩子的需求，并且满足他。比如，孩子哭了、饿了，你能否立即出现？谁在这个时候出现在孩子身边的次数多，那么孩子就会和谁建立亲密的关系，获得安全感。2岁左右的孩子会经历人生的第一个叛逆期。这时他会说话，掌握了一定的技能，他要去探索更大的世界，所以，这个阶段的孩子会比较皮，什么事情都要自己干。这个时候，在保证孩子安全的前提下，可以让孩子自由探索。平时，我们可以把这些教育理念传递给婆婆，让婆婆帮助我们更好地带孩子。妈妈也不用特别担心老人教育方法不对会对孩子产生很大的影响。

对老人心怀感恩。当谈论到对孩子的主导权的时候，我们会说我是孩子的妈，我说了算，这个是妈妈的权利。那带孩子的义务呢？在我们工作的时候，是不是就落到了老人身上？所以，当老人来帮我们带孩子的时候，我们得心怀感恩，学会怎么去哄好老人。其实，我觉得老人是比较好哄的。例如，母亲节、父亲节，给老人送一些礼物，老人就会比较开心。人心换人心，当婆婆感受到其实好好对她带孩子怀有感激之心的时候，她可能会在孩子面前好好说的好话。甚至会告诉孩子，妈妈回来了，快点叫妈妈，这些我觉得任何一个想给孩子一个好的家庭氛围的母亲都可以做得出来好这些。不管是妈妈还是老人，都是爱孩子的，孩子也需要不同的爱，只要妈妈跟老人搞好了关系，就不会出现婆婆跟妈妈抢孩子的情况。如果我们真的那么在意，一定要按照自己的方法养育孩子，唯一的办法就是自己带。不想放弃自己的工作，又想让别人都听自己的，这只能说妈妈很贪心，什么都想要。

　　每个人都有不同的选择，当你选择做个职场达人，你就好好做个职场达人，当你选择做个好妈妈，你就一心做好妈妈。不管怎样，只要你和孩子生活在同一个屋檐下，你一定会是孩子最重要的人，老人的影响非常有限。你可以回头看自己的人生，在自己还是孩子的时候，不管和谁在一起，心里最重要的人一定是父母，这是天性。

第六节　婆媳关系的洗礼

郭燕娥院长说：

当婆媳关系出现问题时，请你记得，一味地对抗并不能让问题得到解决。

对待婆媳关系的种种问题，最好的解决方式就是：永远把婆婆当作隔壁大妈，不要觉得她做什么事情都是应该的，也不要觉得自己一味退让是应该的，保持界限感与边界感很重要。

不过，当婆媳关系令你感到棘手时，最好的方法仍旧是搬出去单独住，偶尔互相探望，保持适当的联络，展现适当的关心，保持舒适的距离，表达合理的需求，展现优雅的姿态。

有数据显示，在中国离婚家庭中，有近半数的夫妻离异是由于婆媳关系不好。大部分婆婆没有意识到，儿子已经成家，已经开始了一段新的属于自己的生活，而是打着为小两口好的口号，把自己搅进儿子的生活里。

婆媳之间最好的状态，应该是互相关心，但又不会过度热络；彼此尊重，但又不会过于淡漠。儿媳对婆婆，无需刻意讨好，亦不用委曲求全。要有对长辈的礼貌和尊重，少一些撒娇、任性和要求，多一些宽容、理解和退让。婆婆在儿子、儿媳面前，最恰当的做法是，在他们需要建议时，热情提出自己的想法，但不能强迫或奢望他们认同；在他们需要帮助时，适时地给予支持，但要量力而行。婆媳关系好，是一个家庭的福气。

生娃后在养育宝宝的道路上，做主的不是妈妈一个人，每一个家庭成员都有发言权，甚至是决定权，这让妈妈觉得，自己不是孩子的妈妈而是奶妈。同时，为了照顾孩子，婆媳又要朝夕相处。这时候，育儿观念的不同，生活习惯的差异，以及谁也不愿意放弃"育儿主权"，让各种矛盾在生孩子后，集中爆发！有人说，真正好的婆媳关系，必然是经历过生孩子洗礼的。但是，有些人压根就不用经受这"风霜雨雪"般的考验，因为她们的婆婆，就是别人眼中羡慕不已的好婆婆。

或许每一个婆婆都想找一个，既能自己带娃又能照顾家人生活，还能孝敬老人的理想儿媳。可儿媳又何尝不想找一个，既能帮助带娃又能尊重儿媳当妈的权利，还能把儿媳当亲闺女疼爱的理想婆婆呢。

现实是，儿媳生了娃，不得不麻烦婆婆帮忙带孩子，又想独立自主享受自由；婆婆帮着带孩子，就要享有话语权和决定权。这时候，处在婆媳关系中，能做到一碗水端平，既不让妻子心灰意冷，又不让母亲伤心失望的老公（儿子），尤为重要。要知道，孩子是夫妻双方的，老婆已经为老公付出了很多，所以老公要体谅老婆的心情；对于母亲的"越权"，作为儿子要理解。

看似复杂的婆媳关系，矛盾根源主要在于宝爸在育儿路上的缺失。两边都是最爱自己的女人，因为自己的孩子，引发矛盾，而自己没有能力处理好，这是多么无能的表现。只有宝爸介入婆媳关系中，才能在无形中为双方建立一道防火墙，避免双方矛盾的正面交锋，在婆媳关系中起到调和作用。要想婆媳关系和谐，宝爸在家中除了多沟通外，还要多干活，只有减少老人对儿媳生活的介入，才能避免矛盾发生。当然，有些事情说起来容易，做起来就不是那么回事了。如果实在调和不了婆媳矛盾，为了家庭和睦，还是应尽快和老人分开住。

和老人一起生活确实有很多便捷之处，但没有麻烦几乎是不可能的。而且，想改变老人的生活习惯，也几乎不可能。俗话说，距离产生美，这话不仅适用于男女之间，对于婆媳关系同样适用。如果改变不了婆婆，改变不了老公，那只能尝试改变自己或自己的生活方式。

陆琪老师说过：大部分的婆媳关系，都是在演戏，演大家是亲人而已。只是与其说她过去是在演一个"好婆婆"，不如说那时候的你是拿她当婆婆的，你会有些害怕她所以在她面前会隐藏起自己不好的一面，全都表现好的一面。但是婆婆毕竟不是妈妈，她不会无条件接受你所有的缺点。当她只看到你的优点时，她一定是一个让你觉得特别容易相处的婆婆，但是当你把自己的缺点全部展示给她的时候，她就不一定能够接受了。因为说到底，你们之间并不存在任何的血缘关

第四章　爱是柔软，不是碰撞

系。所以，女孩在结婚之后千万不要把婆婆当成妈妈，因为婆婆不会无条件包容你、爱你，尤其是当你和她的儿子产生分歧的时候，对她来说，她的儿子永远是第一位。

婆媳相处，要把握一个度。之前特别火的婆媳综艺《婆婆和妈妈》，就把"婆媳"二字表现得淋漓尽致。黄圣依和婆婆的关系，可以说是大部分婆媳关系的教科书。黄圣依的婆婆几乎每天都在夸黄圣依，不仅当面夸，还对周围的其他人夸奖自己的儿媳。就算黄圣依只是做了一些小事，婆婆也会对她说一句"辛苦"。黄圣依从来没有对婆婆发过脾气，她会牵着婆婆的手去散步，和她聊天荡秋千，甚至还会帮她洗澡。这位婆婆懂得，儿媳应该当成自己的女儿来养；黄圣依也懂得，婆婆不是妈妈，应该将自己最好的一面呈现给她。

相比之下，陈松伶和婆婆的关系就特别紧张。陈松伶的婆婆从心底就没有完完全全接受这个儿媳，更不会将她当成女儿，甚至完全介入儿子和儿媳的生活，让他们完全没有自己的空间。对于陈松伶的努力和付出，她更多的是误会和挑剔。当两个人没有留在自己的边界里时，矛盾只会越攒越多。

最好的婆媳关系，是止于婆媳。

婆媳关系是一个很严峻的问题，是一道跨不过去的鸿沟。很多家庭因为婆媳关系最后闹得很僵，甚至走上了离婚的道路。

很多矛盾，往往来源于生活当中的闲言碎语。

婆婆的话：

（1）"我儿子每天上班那么累，还老叫他做家务活儿！你自己没手没脚吗？"

儿媳对她的心理话："妈妈很辛苦，既要上班又要带孩子，还得做家务，一个人当十个人用，做了这么多还落不到一句好话。婆婆总说，老公赚钱养家，难道我每天上的班就不是班，赚的钱就不是钱了吗？每天那么辛苦，老公却一点都不心疼，还一直叫我让着婆婆。难道我就不值得你们疼爱吗？"

（2）"你妈真坏，都不给你吃奶，把你饿得这么瘦！"

儿媳对此的心理话："婆婆天天说我不喂孩子，把孩子饿瘦了。那也得孩子吃啊，孩子一天吃多少，什么时候吃，我这个做妈妈的难道会不知道吗？这一天天的，老是背后说我，宝宝现在小不知道，长大了还以为我这个当妈的不爱他呢！"

（3）"天天买这买那，还不是都花我儿子的钱！"

儿媳对此的心理话："逢年过节，我都会给婆婆买衣服、买礼物，可是背地里她总跟邻居说我败家，花她儿子的钱。每次听到我都很不舒服，我又不是没有工作，凭什么说我花她儿子的钱。再说，她儿子还是我老公呢，我花的是夫妻共同财产，也有我的一半呢！"

儿媳的话：

（1）"哎呀，妈，你不懂，别瞎弄！"

婆婆对此的心理话："在带孩子这方面，年轻人跟我们老一辈的观念总是很不一样。每次都说我不懂，我怎么就不懂了，她老公我都养这么大了，我还有什么不懂的，我也是当妈的啊！"

（2）"老公，你帮我拿点东西""老公，你去给孩子弄点吃的""老公……"

婆婆对此的心理话："我这儿媳天天指使我儿子干活，自己什么都不做，回来就躺着玩手机。我儿子工作那么辛苦还得伺候她，自己有胳膊有腿的，真是不像话！"

（3）"你看你妈，总是"……

婆婆对此的心理话："我对儿媳那么好，我每天做饭、带孩子，她还天天跟我儿子说我坏话。总是看不到我对她的好，还离间我跟儿子的感情！"

婆媳问题并不是一件无法解决的事情，但前提是必须有边界感。聪明的女人，一定会把握好婆媳关系的分寸。

改变不能接受的。在婆媳产生矛盾的时候，很多人容易走两个极端：一种是放任不管，老人爱怎么着就怎么着；另一种则是什么都管，老人说什么做什么都不称心。单从方法论角度说，如此做肯定不妥。婆媳之间缺乏沟通与感情基础，产生矛盾是十分正常的。对于在一起生活的公婆，儿媳不能事事都干涉，也不能放任不管，特别是对于一些原则性的问题，比如溺爱孩子等问题，要勇敢地坚持原则，努力改变老人的观念。毕竟时代不同了，老人也应该与时俱进。切莫一味顾及老人脸面而听之任之，到头来害的可是孩子。而且会导致矛盾加剧，以至于不可收拾。但改变也得讲求方法，就是态度上要坚决，方法上要委婉，不能因为一件事闹僵。切记：老人不是学生，可不喜欢小辈给自己上课，顺势利导很重要。

接受不能改变的。俗话说得好，世界上有两件事最难：一是把别人口袋里的钱装进自己口袋里，二是把自己脑袋里的思想装进别人脑袋里。所以说，改变一个人是不容易的，尤其要改变一个世界观、人生观、价值观已经顽固成形的老年人。为此，对于一些非原则性的问题，比如照顾孩子生活的方式方法问题，如果不易改变或不能改变，那么作为小辈，儿媳就要学会适应了。其实只要过了思想关，有时会突然发现，原来按照公婆的意思行事也挺好，也没什么不妥。任何人都不是圣人，况且公婆的生活经验肯定要比年轻人丰富，要相信自己，也要相信公婆。实践证明，唯有信任才能和睦相处。切记，不要认为自己总是对的，只要有这个想法，就是矛盾的开始。生活中，适应是智慧的。

宽容地去适应。适应并不是一件易事，这和每个人的适应能力有很大关系。有的人很会调整心态，对外界刺激适应能力很强，而有的人比较封闭，追求做一个独立而完整的人，很难和外界融为一体。所谓道不同不相为谋，在这种根本无法心情愉快共处一事的情况下，就只能采取宽容策略了，自己不想做，也不要阻拦公婆做。如果怕公婆的行为影响自己的情绪，可以躲到一处享清闲。这样做，虽解决不了矛盾，但可以减少因情绪波动而导致矛盾升级的可能性，也就是人们说的，"惹"不起就"躲"！切记：要学会抓住主要矛盾，在生活中，一家子和谐相处是最重要的。

不能宽容就放弃。对于不能改变、不能适应、不能宽容的人来讲，那就要注意了，既然怎么"打"都"打"不赢，那就不要再坚持瞎"打"了，直接放弃。尽管所有矛盾都是可以转化的，但成本太高也不划算。既然矛盾双方始终存在不可消灭，那干脆就分而居之，铲除引发矛盾的战场。花钱雇保姆，虽然破费点，也不如自己家人照顾得尽心，但两害相权取其轻，可以保全家庭。

婆媳之间，无论发生什么样的矛盾，都要注意，最后的放弃并不是遗弃。放弃的只是矛盾，而和睦与亲情是需要我们一直坚守的。

我们要对家庭关系的新变化有心理准备。"家有老人是个宝。"这是现代许多工薪家庭发出的感慨。为了下一代，老人义无反顾帮着抚养孙辈，让年轻的父母没有后顾之忧，专心干事业，这是中国进入老龄化社会以后的一道亮丽风景线。同时，一个小家庭变成一个大家庭，家庭关系复杂起来，尤其是婆媳之间，缺乏长期相处的理解和沟通基础，关系具有复杂、微妙、隐晦的特点，会折射到对宝宝的养育态度和行为上。如果3岁前的宝宝生活在安全、安定、温馨的物质环境和心理环境下，他将获得对世界的信任感，身心茁壮成长，否则，宝宝的身心将受到不良影响。

为母则刚

我们要以"家和万事兴"为婆媳共处的基础。隔代家教需要娴熟的家庭成员相处技巧，一些古训是千锤百炼出来的精品，比如"明着敬老，暗着爱小""当面教子，背后教妻""当面教子，背后劝老"等。仔细品味，这些话浓缩的内涵相当丰富，因为它们具有实现"家和万事兴"的功效。由于隔代教育涉及的家庭成员比较多，人与人之间的心理关系复杂，如果心理上有隔阂，便不利于对宝宝采取一致、和谐的家庭教育。所以，做好隔代养育，需要以"家和万事兴"为基础，家庭温馨有利于宝宝身体和心理的健康发展。

爸爸要善于"和稀泥"。婆媳关系是隐晦和持久的，因养育宝宝而发生家庭矛盾是常有的事，而且处理起来比较棘手。因此，爸爸要"隆重登场"，要主动承担周旋家庭关系的责任，善于"和稀泥"，用自己的智慧把她们都"摆平"了。平时再忙，也要抽时间与宝宝的妈妈、奶奶交谈，听听她们在观念和态度上的分歧到底在哪里，并且灵活调节她们的关系，不让她们的心理产生疙瘩，因为大家都是为了宝宝好。如果爸爸对宝宝的教育不闻不问，那么隔代养育矛盾得不到化解，不但家庭关系受影响，宝宝的健康发展也受影响。

儿媳和婆婆都要采纳对方的可取之处。婆媳两人生活在不同的时代和环境，有着不同的生活、教育和文化背景，对教育观念、教育内容和教育方法有不同的理解，而且都有过成功的教育经验，婆婆成功地养育了自己的儿子，儿媳成功地完成了自己的教育经历。所以，过去成功的记忆模式会影响两人对宝宝的教育。但是，该教育宝宝什么、怎样教育宝宝，对两代人来说都是个新课题。

第七节　疗愈内在创伤

郭燕娥院长说：

以下六句话，正是针对内在小孩的矫正性治疗，通过内在小孩的疗愈语言，修复内在小孩的创伤。

一是"对不起。"

二是"这不是你的错。"

三是"这种事情不会再发生。"

四是"我爱你。"

五是"我为你感到骄傲。"

六是"我永远不会离开你。"

我们每个人都有童年，每个人的童年都会或多或少受到伤害。或许现在的我们已经为人父母，在抚养孩子的过程中，还是会有意无意地伤害自己的孩子。我们都知道，童年时期的心理创伤会伴随一个人的一生，会对一个人生活的各个层面产生影响。那么，该如何疗愈孩子内心的创伤？

以下六句话，正是针对内在小孩的矫正性治疗，通过内在小孩的疗愈语言，修复内在小孩的创伤。

对不起

"对不起"，是多少孩子期盼能从家长口里说出来的话语。每个孩子都不希望自己被指责，尤其是当家长误解自己的时候。孩子渴望家长的那句"对不起"的背后，无非是想得到家长的理解，证明自己是值得被爱的。然而，当这句"对不起"被家长隐藏的时候，孩子内在的伤痛，也正随着愤怒、悲伤、委屈等情绪一点点地累积着。当家长意识到自己的言行已经误解了孩子，应当及时道歉。道歉不仅能及时消除误解，还能树立家长勇于担当、以身作则的形象，这对孩子的影响无疑是正面且积极的。

当遭到父母的误解时，无论是哪种方式的误解，每个孩子渴望的无非就是家长真诚的道歉，填补内心深处的那个缺口。"对不起"尽管只有三个字，传递的信息却是，你没有那么糟糕，我误解了你，甚至伤害了你，我有不对的地方，我承认我的错误，并向你真诚道歉。

每个家长曾经也是个孩子，回首自己的童年，是否也被自己的家长误解过？当我们自己被误解时，是否也曾渴望家长跟自己道歉？"得不到的永远在骚动"，内在很深创伤的修复，有时仅仅需要一句："对不起"。

这不是你的错

孩子内心受伤的原因有很多，可能来源于外部，也可能源于内在。当孩子受伤时，常常伴随的是恐惧、悲伤、自责等负面情绪，而且往往容易将矛头指向自身，认为自己很糟糕，爸妈会因此不爱自己，厌恶和否定自己。创伤心理学认为：处理创伤最有效的方式，是让受伤者感受到安全感，让其建立正性体验，暂时远离负性体验，让其感觉到安全与支持。

因此，当受伤的孩子责难自己的时候，家长应直接告诉孩子"这不是你的错"。也许有的家长认为，孩子受伤确实是因为他自身的某些问题，这时告诉他不是他的错，不是助长他推卸责任吗？于是很多家长可能会利用此事进行说教，试图让孩子达到痛定思痛的效果。殊不知此时的做法，如同火上浇油，雪上加霜。试想，当你处于强烈的负性情绪体验中，此时有人还在你耳边进行指责或说教，你的感受是什么？

"这不是你的错"直接传达的信息是我没有指责你的意思，并不会因为这件事情否定你这个人，我依旧是爱你的。并且，在此基础上，对孩子说一些鼓励性的言语，效果会更好。当家长的指责和训斥，转变成一种包容与理解时，孩子的伤害很快就被疗愈了。父母与孩子之间，孩子和他人之间的感情，就会自然地流动下去。

这种事情不会再发生

当家长意识到自己的言行已经给孩子带来极大的伤害时，应该第一时间坚定而决绝地告诉孩子"这种事情不会再发生"。很多来访者在咨询室里痛诉自己的成长经历时，经常会提及家长如何一而再再而三地伤害自己的心灵。而家长自己却从未意识到，或者意识到了却没有任何反应与表示，甚至搪塞、否认、狡辩。比如，一个来访者的孩子说，母亲曾经拆过她的信件，并且因此侮辱她。但母亲却矢口否认，表示没有这回事。孩子当时脸憋得通红，眼泪一下就掉下来了。

对于孩子而言，尽管从辈分上自己未能与家长平起平坐，但是在他们的心里，常常有着一杆秤，自己在这头，家长在那头。孩子渴望能够与家长平等、真诚地沟通。而当天平常年失衡时，家长看似是赢了，战胜了孩子，但孩子的心，早就对父母关闭了。

如果说"对不起"是一颗救心丸，那"这种事情不会再发生"就是一颗定心丸。在孩子受伤时，"这种事情不会再发生"的分量重如泰山，一是修复现实的创伤，二是给予了孩子希望。这是一句一言九鼎的话，需要家长自身的反省、担当和魄力。作为灵丹妙药，使用需要谨慎。假如家长总是不停地重复保证，却依旧故伎重演，那么孩子的信任也将随着家长的失信而下降。

我爱你

"我爱你"——这是多少孩子梦寐以求能从家长嘴里说出来的话，是多少家长想表达却深埋心底的一句话。当孩子受伤时，特别是当孩子觉得自己犯了错、闯了祸、变得糟糕透顶、不可饶恕时，往往会沉浸在担心、害怕、恐惧中，觉得家长不会再爱自己了。

曾经看过一个故事：意大利的一对夫妻，结婚多年后生了一个男孩。夫妻恩爱，孩子可爱。孩子两岁时，有一天，丈夫出门的时候，看到桌上有一瓶打开盖子的药水，他大声地提醒妻子记得把药瓶收好，然后匆匆赶去上班。妻子在厨房忙得团团转，忘了丈夫的叮咛。男孩拿起药瓶，被药水颜色所吸引，一口气喝光了药水。由于药的成分剂量高，孩子虽然及时送到医院，但已经回天乏术。

妻子被这突然发生的意外吓呆了！她不知道如何面对丈夫，陷入了巨大的恐惧中。当丈夫接到消息第一时间赶到医院时，面对孩子的尸体，尽管他也很伤心，但是他拥抱住妻子，在妻子耳边说了一句话"我爱你"。

这个故事，何其感人与震撼。丈夫对妻子的爱，向我们展示了什么是无条件的爱，在巨大的伤痛面前，"我爱你"这句话充满着温暖的治愈性，简单直接，直抵心灵。

当孩子受伤时，一定是他最虚弱时，请用爱为他做最好的治疗。心理学家卡尔·罗杰斯说："爱是深深的理解和接纳"。

"我爱你"这简单的三个字，传递出来的信息就是：我理解你此刻的难受与伤痛，我愿意接纳这样的你，无论你做了什么，变成什么样，你永远都是我最亲爱的人。每个孩子，都值得拥有无条件的爱，不管他做了什么样的事情，都是值得被爱的。纵使有千言万语，抵不过一句"我爱你"。

我为你感到骄傲

在心理咨询室里，无数的来访者提及自己的成长经历时，总会因为自己的努力与成绩没能得到家长的肯定而潸然泪下。有多少孩子，终其一生的努力拼搏，仅仅为了获得家长的一句肯定。受伤的孩子，内心脆弱时，更需要家长的及时肯定。假如孩子总是得不到家长的肯定与鼓励，除了一根筋死磕到底证明自己以外，还可能走向极端，自暴自弃，或破罐子破摔。

面对受伤的孩子，"我为你感到骄傲"这句话所传递的信息是：你的努力和付出，你的成绩和进步，我看到了，你很棒！在"看到"的基础上"肯定"，是家长需要传递给孩子的态度。但大多数的父母在孩子达不到自己的期望时，就会表现出指责、不耐烦、失望的态度。尽管在一定程度上，这种态度可能会促进部分孩子发愤图强，但是往往也传达了一种"你是优秀的我才爱你"的信号，潜台词就是："如果你不够优秀，我就不爱你了。"对于孩子而言，在有条件的爱中成长，时常会感觉到受伤，质疑家长爱的是不是自己。"我为你感到骄傲"是一种价值鼓励，让孩子觉得他是优秀的、被爱的、值得被爱的，将来，他就会成长成一个充满自信、充满爱的能量的人。

想象当年你的父母对你说"我为你感到骄傲"时你的内心体验，或许你很快就明白了这句话的力量。

我永远不会离开你

当孩子受伤时，常常会有强烈的恐惧与焦虑，担心家长抛弃自己，其状态往往是退行到一个婴儿的状态。孩子的这种担心被家长抛弃的感受，追根溯源，源自最初与抚养者之间的依恋。一般小孩在 6 个月的时候，就会与母亲（或最初的抚养者）之间建立起依恋关系，当母亲消失在视线中的时候，孩子会哭闹，此时会有一种被遗弃的感觉。

如果在最初阶段母婴间的依恋关系没有处理好，对孩子而言，内心会留下一种创伤。当日后再次出现创伤性事件时，孩子就会痛彻心扉。因此，当孩子内心受到较大的创伤时，此时孩子的心理状态与婴儿无异，作为家长，应让孩子体验到一种被完美的爱照顾着的感觉。"我永远不会离开你"，能把孩子带到母婴一体化的那个温暖、舒适的场景中，让孩子在正性的体验中，修复根源于童年早期时的创伤。

"我永远不会离开你"，传递的更多是一种精神上的陪伴与关怀。即便在现实层面，我离开了你，但是我对你的爱，将会内化为一种力量，在你心底，陪伴着你，温暖着你，滋养着你。每个人的内在，都有一个"内在小孩"。每个人的"内在小孩"，都或多或少地受到过伤害，都需要被疗愈和被滋养。

如果你已为人父母，以上的六句话，可以多讲给孩子听，疗愈孩子的创伤，让亲子之间的爱可以重新顺畅流动；也可以多说给伴侣和自己，疗愈自己的内在小孩，用爱和理解包裹自己、疗愈自己，拥有更加幸福快乐的生活。

为母则刚

第八节　被忽略的母爱

郭燕娥院长说：

当我们成为妈妈之后，我们才意识到自己曾经忽略过妈妈对自己的爱。

当我们成为妈妈之后，我们要知道，我们不光是一位妈妈，也是我们自己。也许我们会变得唠叨、变得急躁、变得刚强，但是请无论何时何地，都不要忽略了自己。只要我们自己重视自己，母爱才不会被忽略。

记得那首唱遍了大江南北的《常回家看看》，里面有句歌词是这样写的：妈妈准备了一些唠叨，爸爸张罗了一桌好饭。这句很有生活气息的歌词写出了每个孩子心里最牵挂的东西——母亲的唠叨。

记忆中母亲的"唠叨"伴随着我长大，不管是调皮捣蛋的孩提时代，还是长大成人步入社会后，母亲的唠叨始终萦绕我耳旁，虽无情却句句都是教我堂堂正正做人的警示语。幼时顽皮好动，因为学习好，聪明机灵鬼点子多，深受父亲的宠爱。但好像一直未得到过母亲的溺爱，平日唠叨不断不说，若是我犯了错，便是条子面"伺候"。

有人说，母亲是最爱唠叨的。也许从幼儿无知的那一刻起，母亲便开始唠叨了："快点长大吧！""上课要认真听讲！""作业要按时完成！"……我的母亲整天在唠叨，她的唠叨声总是在我的耳边响起，时断时续。伴随着自身阅历的不断丰富，母亲唠叨的话语也逐渐变得耐人寻味。

爱唠叨是天底下所有母亲的天性。吃饭时，如果我举止不合时宜，母亲就会对我讲："不能嘴里含着菜又去夹菜……"让我知晓了文明就餐，互尊互爱。母亲带我去串门，对我说："要守规矩，不随意翻动人家的东西，要和气有礼貌……"在母亲的唠叨教导下，我明白了如何待人接物。母亲每天都要唠叨，时刻提醒我乐学善思、好好做人，让我做力所能及的事，逐步养成良好的学习、生活习惯，不断进步，完善自我。总而言之，有母亲的地方，就有她对我的唠叨，就有她对我真切无私的关爱。

母亲老了，这几年越发明显。那天，母亲身体不舒服，躺在床上，我忽然发现母亲脸上的皱纹竟那么多、那么深，眼皮也变得松弛了。哦，我是有多久没有好好地看过母亲的脸了。岁月在她身上留下了那么深的痕迹，我却从未注意过。

"妈，你脸上的皱纹怎么那么多了，就是操心操的，以后少操点心吧。""早就老了，皱纹早就爬满脸了。别烦妈唠叨，虽然我说的都是些生活中的小事，但你也得知道怎么做，你得学会过日子……你说这以后要是我们都不在了，你也得……"母亲的唠叨从未停止过……

有时，对于母亲的唠叨我显得很不耐烦。什么"做完饭一定要把灶台擦干净，要不过后再擦不好擦！""洗手的时候水流不要放那么大，省着点用，得会过日子！""炒菜要清淡，吃咸的多了对身体不好，你看你爸这身体……"在我看来，这些让我耳朵早已听出茧子的唠叨毫无意义，所以，我用冰冷的言语将母亲挂在嘴边的唠叨不假思索地怼回去，抱怨和不耐烦脱口而出。

也许是因为父亲生病这件事给母亲的打击太大，最近这些年，母亲的"唠叨病"更严重了。十年前父亲突发重病，母亲从一个几乎是什么家务活儿都不会干的"娇太太"，一下子变成了独自承担家庭重担的"女汉子"。

她娇小瘦弱的身体承载了太多生活的压力。除了要照顾生病的父亲，平日里，母亲还要帮我带孩子，替我减轻负担，我知道母亲心疼我，怕我受累。日常生活中，我和母亲难免有些磕磕碰碰，我因工作与生活烦躁时，母亲的唠叨随时都可能触碰到我敏感的神经，让我大发脾气，看着母亲默默地低下头不说话，我的心里也十分内疚。当生活遭遇压力和困难，我只顾把自己心中的不愉快全部丢给母亲，却从未想过要去理解母亲心中的委屈、压力和疲惫。

母亲爱孩子永远胜过孩子爱母亲，她从不计较儿女身上的这些"毛病"。所以，我们总是可以等到母亲的原谅，而母亲很少能等到孩子的理解。就像有人说过：母亲的心就像一个偌大的容器，大到可以包容孩子的千般抱怨、万般任性。

也许不经世事，就难以理解母爱之用心良苦吧。这几年我的生活也经历了一

为母则刚

些磨难，尝到了生活的艰辛，我越来越觉得，母亲的唠叨犹如黏合剂一般，将我支离破碎的生活重新整合在了一起，更像一簇簇温暖的火光照亮和温暖了我一度低落而消沉的生活。

想想我自己，曾经总是反感母亲的唠叨，而我不也是对儿子唠叨个不停吗？因为我希望他好。我开始理解母亲，原来，母亲的唠叨是一份提前透支的牵挂：趁她还在的时候，把她担心的、放心不下的"唠叨"给孩子听，好让未来在没有母亲的日子里孩子也能好好地生活，就像她在的时候一样。她只是希望孩子能记住她的唠叨，好在往后的日子里少走一些弯路，少受一些罪。

当我意识到这些的时候，我才发现我有多残忍。我曾用冷冰冰的言语将母亲的关心和爱打成了无数碎片，而那些碎片又像锋利的刀子一样落在了母亲的心坎上。

我终于明白，母亲的唠叨里饱含了太多的放心不下、太多的牵挂、太多的担忧。

是的，母亲的唠叨从未停止，爱亦如此……

第四章　爱是柔软，不是碰撞

第九节　母亲的智慧

郭燕娥院长说：

在养育一个孩子的过程中，我们会遇到各种各样的问题。即便这本书有一万页那么厚，也不可能穷尽养育孩子的过程中遇到的所有问题。因此，我们不做问题的罗列，我们只想通过一些小的故事，一些难以克服的问题，告诉妈妈们，无论何时，保持智慧，学会用智慧的方式去处理亲子关系，处理孩子成长过程中出现的问题，学会用智慧的方式扮演母亲的角色，最重要的仍旧是，学会用智慧的方式扮演自己的角色，成为智慧的自己，而后才是成为智慧的妈妈。

提到网游，很多家长认为网游是洪水猛兽，简单粗暴地把孩子的网络断了，手机收了。殊不知，这不是最好的做法。

为什么手机游戏如此吸引孩子

游戏有很强的回应性，可以满足孩子的内心渴望。几乎所有的游戏，哪怕是低龄游戏，都有很强的回应性。不管你做任何的操作，它总是有反应的。他不管跟这个游戏讲什么，这个游戏永远都会去回应他。这对孩子来说是一种他们非常渴望的状态，如果他在自己的家中得不到这种感觉，游戏恰恰能满足他。

但是，这一点也非常悲哀，孩子要从游戏当中去体验这种回应感，而家庭无法给予他。很多父母沉浸在自己的手机里，孩子试图跟父母沟通，但得不到回应。而游戏这种虚拟世界，不管他做什么都能得到回应，这会让他感觉很好。这一点非常吸引孩子。

对于孩子来说，玩游戏时，他能体验到一种掌控感。很多小孩在自己的家庭当中，是被父母严严地控制住的，换句话说他没有足够多的自由，或者说足够多的能力去影响一些事情。但是，在游戏当中你看只要你级别高，装备强，组的战队厉害，你始终有办法让自己体验到一种很成功的感觉。这种，因为我做了一些什么，而取得某种成就感和掌控感对于孩子来说很诱感。如果一个孩子，他在现实生活当中没有其他的渠道去体验这样的一种掌控感，比如，有的孩子到了很大，连每天穿什么衣服都不能做主，或者说他每天在家里面，总是被要求做这个、做那个，在一些小事上都是父母来做主的话，那孩子就很容易被吸引到游戏当中。

孩子在游戏中得到成就感，在日常生活当中是很少得到的，这也是为什么在学校里成绩平平，没有什么特色的孩子往往是最容易迷恋游戏的。对他们来说，如果在现实生活当中很难体验到那种自我成就感的话，他们可以在游戏当中进行一个弥补。但是这种弥补背后也都是有各种各样的代价的。

孩子在游戏中找到归属感，获得心理上的安慰剂。归属感主要是指现在游戏的一种社交属性，它能帮助你和一群共同认同一个东西的人走到一起。以前《魔兽》非常流行的时候，出现过很多《魔兽》的部落，或者说《魔兽》的玩家群体，这其实就是游戏在帮助玩家们建立起了一些线下友谊。所以，你可以看到，很多时候这种线上和线下的东西是会打通的。可能平时在社交上有困难的人，在游戏当中却能够与他人产生一种虚拟的链接。而这种虚拟的链接对他们来说，也是一种心理上的安慰。当一个班级里面，大部分人都在谈论一款游戏的时候，这种同伴的压力和对来自同伴认同的渴望，很容易驱使一个青春期的孩子去做这么一个选择。

孩子在游戏中释放现实中被压抑的攻击性。孩子通过游戏，释放了很多对于社会、家庭、学校的一些不满。假如说，你看到一些小孩，他在游戏当中给自己起了一个特别强悍或者霸气的昵称，但其实他在生活当中可能是一个文质彬彬，甚至弱小的人。还有一些孩子在玩游戏的时候，会把那些自己要去打的敌人假想成是自己身边很讨厌的人——可能是某个欺负他的同学，或者某一个控制欲特别强的家长。所以，你可以看到孩子在游戏当中去释放自己对于现实世界的不满的需求是非常强烈的。

游戏是一种低成本的自娱自乐。对于青春期的孩子来说，他们没有很多钱，而游戏的入门门槛很低，这对孩子来说也是颇具吸引力的一点，不需要从爸妈这里要太多的钱，就能让自己很开心。

如何判断一个孩子是否对游戏上瘾

看他社会功能是否受损——学习、社交、身体状况如何。首先母亲要了解什么叫做社会功能受损。一个孩子玩游戏，但是他学习还是很好，社交功能还是很好，包括身体功能也很好，他还是在锻炼身体，按时吃饭，按时睡觉，那这种情况你根本不用太担心，他只是看上去玩得比较多。

看他人际关系是否受影响——和家长、同学、老师之间关系如何。母亲要重点观察，孩子在玩游戏之后，他和周围人的人际关系是不是和谐的。这个人际关系，主要是指他和家长之间的，他和同学之间的，还有他和老师之间的。也许有些孩子的功能性没有受损，但是你会发现他和周围人的人际关系，发生了很大的变化。比如说，他开始变得非常暴躁、易怒，或者他开始变得很没有耐心，开始变得特别的忤逆，不过这些也是青春期的本身的一些特质，但是也需要区分。

看他是否发展了不良癖好——是否熬夜、大量购买游戏装备。比如有的小孩，他因为玩游戏而开始熬夜，这是一个非常糟糕的习惯。或者有的小孩，他因为玩游戏发展出了偷钱买装备的习惯。这些不良癖好的产生，也是一种非常糟糕，需要被注意的状态。

作息或性情突变——是否早上起不来、不吃饭、讲话烦躁。包括性情大变，讲话很不耐烦，或者说把自己包裹起来，用很沉默的状态去进行回应。这些都是需要被注意的。

防止孩子沉迷游戏，父母可以做些什么

当孩子开始沉迷游戏的时候，家长首先需要"闭门反思"。有些时候游戏本身是一个"替罪羔羊"，它反映的是亲子关系当中本身就结下的一些"梁子"。通过游戏能看到，孩子在虚拟世界当中得到了现实中所得不到的满足。所以当家长在思考自己该怎么做的时候，第一点是要关起门去反思一下，在自己和孩子的这

种亲子关系中，是否出现了一些压力或者状况是需要去面对的。

这里要强调的不是说孩子玩游戏就要去反思，这个语境是说，当孩子已经沉迷于游戏，或者说成瘾于游戏的时候，父母要去思考的一点。如果孩子只是玩，但是不符合刚才讲的那些上瘾的标准，父母大可不必太过焦虑。

家长要抓住孩子对"游戏"的需求。建议父母适当地去了解一些游戏行业的发展，和年轻人的一些语境。因为青春期有一种非常典型的心态，就是我得做一些和爸妈和老师不一样的事情，他们不允许的事情才够酷。换句话说，从一个稍微狡猾一点的角度，如果一件事情爸妈跟老师都做得挺来劲的，一个小孩他可能就觉得没兴趣了。他就觉得这个不够酷，连我爸妈都做的事情，我就觉得很没劲。所以，当爸妈对于游戏持一个比较中立、温和的态度，而不是把游戏当敌人的话，有些小孩他自动就觉得这事也就这样。而如果你非常严肃地去反对孩子，可能会适得其反。他反而就像找到了一个青春期叛逆的抓手一样，开始死死地抱住游戏不放。所以父母们最好去了解一下游戏行业的发展和年轻人的语境，包括如何去帮助孩子选择相对适合的一些游戏。其实，网络游戏也分很多种，怎么帮助孩子去鉴别这些游戏，也是父母要做的一门功课。

让孩子学会自我管理。在玩游戏这件事情上，父母需要把制定规则的权利交给孩子，然后把监督执行的功能留给自己。这个是指，有些孩子玩游戏，爸妈难免会担心说孩子沉溺。我觉得与其把担心闷在心里，不如和孩子坐下来好好聊一聊。跟孩子聊的姿态，可以是："你玩游戏我并不会反对，但是我希望你可以自己去制定一个规则，进行自我管理。"也就是让孩子自己来说，他怎么玩游戏。比如，有的小孩说每天做完作业可以玩半个小时，有的小孩说每天睡觉之前可以玩20分钟……这个规则需要让孩子自己去制定，不然它就变成了父母的一种高压政策。自我管理，是给予孩子一种自我效能感和自律的感觉，这和其他的自由度是不一样的。监督执行也是父母需要去看到的一个边界。就是，当这些规则被制定出来之后，去监督他从始到终的执行，这个也是非常重要的。

帮助孩子认识游戏背后的东西。家长可以和孩子一起去探索这个游戏背后的一些东西。这个是指，现在网上也有很多学者或者文章在讨论说，游戏究竟为什么会让人成瘾，或者说设计游戏的时候究竟有哪些元素是吸引人的。父母和孩子完全可以去讨论这些内容，就相当于你去解剖这个游戏的过程。这也能帮助孩子认识到游戏背后的一些东西。说不定，以后他长大真的会去变成一个游戏设计师呢。家长可以引导孩子，用一个非常理智化的方式，帮助孩子建立起对游戏更加健康的态度。

帮助孩子在游戏中学习做一个有趣的人。目前，有一些企业，尤其是一些年轻的公司，在进行游戏化的管理。比如说，员工打卡不再需要考勤机，而是用积分或者说用玩游戏的方式来进行。那么，在一个家庭当中，父母也是可以去学习和借鉴这种游戏化模式的。比如说，当孩子在学业上取得一些成就的时候，你怎样通过一种游戏化的设置能让他感觉到更多的成就感，或者说在你们的沟通过程当中，有没有一些游戏化的元素，让孩子即使到了青春期，依旧觉得你是一个有趣的人。

当孩子游戏成瘾时，请正确对待。最后一点也是非常重要的，就是如果孩子已经对游戏成瘾，有必要的话要求助专业人士，比如说一些家庭治疗师，或者一些心理咨询师。玩游戏未必是一个归因，它可能是一个结果。它反映的是这个家庭当中，本身就需要被处理的一些情结，一些动力。所以这一部分家长的及时求助对于孩子和整个家庭也是非常重要的。

此外，能否在现实中为孩子打开一扇充满阳光、充满真实的快乐之窗，是改变"问题孩子"的关键所在。当孩子已经能从现实中得到自己该得到的，孩子怎么会去虚拟世界自我麻醉呢？当然，一个现实生活中健康的孩子也会去虚拟世界游戏，但与沉溺于虚拟世界的孩子有着本质的区别，那就是他们能够自我控制，能够适可而止。无论是进去还是出来，他们的内心世界是没有矛盾冲突和自我对抗的，因为他们知道自己真正需要的是什么，他们是理智的。

● ● 为母则刚

第十节 生为女人，我不抱歉

郭燕娥院长说：

我们一直在强调，"为母则刚"从来不是对女性的道德绑架，而是女性对于自身生命厚度的追求，也许从成为母亲的那一刻起，我们会偶尔蓬头垢面，偶尔大吼大叫，偶尔情绪崩溃，偶尔疲惫不堪，然而，生为女人，我从不为自己感到抱歉，甚至会为自己曾经的蓬头垢面、情绪崩溃的英雄经历感到自豪。因为，当我脱去成长的外衣，穿上鲜亮的衣服，画上精致的妆容、穿上美丽的高跟鞋，我永远都是人群中最闪亮的那一个。

生为女人，我不抱歉！

为母则刚，刚在内外！

女性很少有真正独处的时间。所以，她们会更多地受到周围人情绪的影响，而不是听从自己内心的感情。而若要使愿望具有热情的力量，若要令想象力能够发展到更广泛的领域，将想象的对象变成最值得向往的东西的话，幽居和沉思都是必不可少的。

小灵在生下女儿之前总是一副不修边幅的样子，做事大大咧咧，说话也直截了当。虽然她一向认为内在美更重要，但当她想到女儿的教育问题时，便开始思考自己作为母亲对女儿的影响力。她希望女儿可以成长为一个内外兼修的人。就是这样一个想法开启了她的内在革命，她做了很多她以前不屑于做的事：坚持早睡早起，注意饮食搭配，定期健身塑形，加入一个女性读书会，更主动地响应了公司的导师计划。就这样，随着女儿不断成长，她也越来越优秀。虽然生活依旧会有不如意之处，但她的内心却越来越充盈，目标越来越坚定。

年轻的女孩像贝壳，五彩斑斓，千姿百态。青春不再却优雅知性的女人像珍珠，娴静温润，雍容华贵。当贝壳受到沙砾等外界物质的入侵后，为避免自身受损，会分泌出一种叫作"珍珠质"的物质，这种珍珠质会把沙砾层层包裹住，使其圆滑，最终形成珍珠。女性在很多方面都比男性更为敏感，所以也注定会承受更多心理压力。但是，岁月对于有些人是碾压，而对于另一些人则是雕琢，后者更善于将困顿变成滋养心灵的养分，把辛苦"研磨"成幸福，活得充实且从容。

法国思想家蒙田说过："我想靠迅速抓紧时间，去留住稍纵即逝的日子，我想凭借时间的有效利用去弥补匆匆流逝的光阴。"尼采说："纵使人生是一场悲剧，我们也要快乐地将它演完。"花儿终将凋零，却没有辜负每一寸可以绽放的光阴。女人迟早会老去，也不该放过每一次可以开怀大笑的机会。我们从无意识中哭着来到这个世界，却有意识地穿过几十年的岁月，在收获爱的同时也付出心力，为什么不努力留下一份既优雅又知性的回忆在心头呢？

生为女人，我不抱歉。

为母则刚，刚在内外。